ファンをつくる顧客体験の科学

「顧客ロイヤルティ」丸わかり読本

ISラボ 代表

渡部 弘毅 著

Hiroki Watanabe

CUSTOMER
LOYALTY

リックテレコム

はじめに

■ 購買者づくりとファンづくり

コンサルティングの提案を行う前には、必ず対象企業のホームページをチェックし、企業方針や社長のメッセージを確認します。そこには、「顧客第一主義」「お客様満足度向上」「ロイヤルティ向上」「LTV（Life Time Value）重視」といった、ファンづくりに関連したキーワードが多く登場します。

ある日、そうした企業のファンづくり活動推進者がCFO（Chief Financial Officer）から次のような言葉をかけられました。

「君がやっていることは、今年はどれくらい儲かったの？」
「儲からないなら、コストの無駄だから辞めたら？」

本書は、このような企業の経営者とファンづくり活動推進者に読んでいただきたい内容になっています。

このような企業に共通することは、マーケティングや営業部門で「購買者づくり」のためのマネジメントはされているが、「ファンづくり」のためのマネジメントが軽視されているという点です。「購買者づくり」と「ファンづくり」の違い？　同じようなことじゃないの？　と思われる読者も多いと思いますが、大きな違いがあります。

1つ目の違いは、評価指標の明確性です。

「購買者づくり」の結果は、数値で明確に評価することができます。評価期間中にどれだけの購買者がいて、どれだけの購買金額があったかは数値で把握でき、基準に沿った評価が可能です。しかし、「ファンづくり」では、ファンそのものの定義が曖昧で、何をもってファンとみなすかが不明確であるため、定量的な評価が難しい状況です。

　２つ目の違いは、マネジメントの時間軸です。

　「購買者づくり」では、１日、１カ月、１年といった、短期間での期限付きの視野でのマネジメントが行われますが、「ファンづくり」では期限のない中長期的視野でのマネジメントが求められます。

■ マネジメントの同一化現象

　この２つの違いがあるにもかかわらず、「ファンづくり」のマネジメントが「購買者づくり」のマネジメントと同一化してしまうという現象が起こります。

　最初の同一化現象が、購入量や購入金額が多いお客様がファンという間違った解釈をすることです。これは、評価指標の違いを認識しておらず、「ファンづくり」の指標が曖昧になることが原因です。ファンとは心理的な視点で評価されるべきです。ファンであれば購入量が多くなる可能性は高いですが、購入量の多さだけでファンの程度を決めることはできません。多く購入いただいているお客様がファンだと定義するのは、極めて企業都合の視点です。

　次に生じる同一化現象が、「ファンづくり」を「購買者づくり」の手段にしてしまうことです。これは、マネジメントの時間軸の違いを認

識しておらず、「ファンづくり」の中長期的視野に対する我慢ができなくなることが原因です。

　顧客志向を掲げている企業は、「ファンづくり」のKGI（Key Goal Indicator）は心理的な視点で定義されるべきです。決して「ファンづくり」の活動を「購買者づくり」のKGI達成の手段に位置づけるべきではありません。例えば、今月の売り上げ（KGI）達成のための1つのKPI（Key Performance Indicator）として今月の接客満足度を設定し、その成果を評価するようなマネジメントは避けるべきです。

　ただし、「ファンづくり」活動を収益向上のKPIにはしないものの、収益への影響度合いを測ることは重要です。この場合は1カ月、1年といった短期的な収益ではなく、中長期の視野に立ったLTVを尺度として、「ファンづくり」のKGIが将来のLTVにどう影響しているかを評価すべきです。

　素晴らしい「ファンづくり」の活動を実施していても、いつの間にか形骸化して活動の火が消えてしまうという現象が多く見られます。これは、「購買者づくり」と「ファンづくり」のマネジメントの同一化現象が大きな原因です。そして、冒頭のCFOのお言葉は、この同一化現象が見事に表面化した結果で、強力な消火器となり早々に活動の火が消えてしまうのです。

　それでは、このような事態を打開するためには、どうすればよいのでしょうか？　それが本書のテーマです。

■ 3つのロイヤルティ

　筆者は、長年にわたり、ロイヤルティマネジメントのコンサルティング業務に従事してきました。特に、お客様からのロイヤルティを構造化し、定量化して可視化することを焦点にしています。

　さまざまな企業の役割を担う人々と話す中で、ロイヤルティは3つの視点で語られることが分かりました。1つ目は経済ロイヤルティです。これは、お客様の購買回数や購買金額に基づいて判断するロイヤルティです。企業収益に直結するロイヤルティであり重要ですが、これだけに重きを置くのは企業視点でお客様視点ではありません。

　2つ目は行動ロイヤルティです。これは、お客様の来店、自社サイトのコンテンツ閲覧、セミナー参加、SNSでの自社商品投稿などの行動の量や質に基づいて判断するロイヤルティです。経済ロイヤルティや心理ロイヤルティを高めるための要因の位置づけになります。

　3つ目は心理ロイヤルティです。お客様が企業や商品に対して心理的にどれだけ愛着を持っているかで判断するロイヤルティです。ここまで読んでいただいた読者なら察しがつくと思いますが、ファンとは心理ロイヤルティが高いお客様のことです。

　そして、これら3つのロイヤルティが相互に影響しあいながら向上するマネジメントが重要となります。

■ 本書の構成

　筆者は数多くのプロジェクトを通じて、心理ロイヤルティを構造

化、定量化、分析、考察する、心理ロイヤルティアセスメントの方法論を磨いてきました。

　本書はこれらの知見やノウハウが詰まった書籍です。前著『心理ロイヤルティマーケティング』（2019 翔泳社）で方法論を明らかにしましたが、さらにプロジェクトを重ねるごとに進化し続ける内容をまとめています。また、前著で理解しづらかった部分を分かりやすく改善しています。

　また、複数の研究会活動にも参加し、知見者の意見を取り入れています。最近では、日本オムニチャネル協会ロイヤルティ分科会での活動を通じて小売事業者の現場の意見を多く参考にしています。また、学術の視点から東京理科大学経営学部長 椿 美智子教授の研究活動にも参加し、その知見を取り入れています。そして、その研究活動の一環として、筆者は本テーマに関しての論文記載や学会での発表も行っています。

　本書は大きく5つの章で構成しています。

　第1章は戦略編です。昨今のマーケティングの潮流から、「ファンづくり」のマーケティングの重要性を解き明かします。また、ロイヤルティマネジメントのあるべき姿について解説します。経営層の方は最低でもこの章は読んでください。

　第2章はロジック基本編です。心理ロイヤルティの構造化と定量化のフレームワークとロジックを解説し、心理ロイヤルティアセスメントの中核をなす理論を提供します。経営層の方には、できればこの章

まで読んで理解を深めていただきたいです。

　第３章は実践編です。心理ロイヤルティアセスメントを実施するためには、さまざまな定義作業が必要です。定義方法のノウハウを解説し、お客様からのアンケート取得が必要な場合、アンケートの設計方法や集計方法などのノウハウも提供します。経営層の方はここまで理解する必要はありませんが、プロジェクト推進担当者は熟読し、ノウハウを身につけていただきたい章です。

　第４章は分析編です。アンケートで収集、集計したデータからどんなレポートを作成し、どう考察していくかを解説します。コンサルタントとしては、ここが勝負どころです。収集したデータを有効活用し、納得できるレポートに仕上げることが重要です。難解なグラフを多用しても理解できないため効果がなく、あたりまえで発見がないレポートも適切ではありません。左脳で集計した指標をどんなレポートで分かりやすく表現し、右脳で解釈し考察していくかが重要です。長年の試行錯誤を繰り返して到達した、分析と考察手順について解説します。具体的にどんなレポートがアウトプットされ、どんな考察がされるのかが分かる章ですので、経営層の方も是非ご覧になってください。

　第５章はロジック深耕編です。本方法論、とりわけ第２章のロジックを腹落ちさせ、本ロジックの有効性を深く理解するための章です。前著『心理ロイヤルティマーケティング』を読んだが納得できなかった方、本ロジックでの分析に挑戦したもののうまく考察に結びつかなかった方、筆者のコンサルティングを受けた際には理解したと思っていたが、しばらく経って疑問が湧いた方は、ぜひ本章を熟読してく

ださい。初めて本ロジックに触れる方で、全体像を理解したい方や、ロジックの結論を知って早く実践したい方は、4章までの内容で十分です。

■ 精神論を超えて

　ファンづくりやロイヤルティ向上活動、顧客満足向上活動は、総論は誰も否定しませんが、各論に至らず精神論になりがちな活動です。その結末が冒頭のCFOの発言に至ります。

　正しいことを正しく着実に実行するためには、その目的にあったマネジメントが必要です。思いだけではうまく回りません。精神論に陥りがちな活動に、科学的マネジメントを取り入れて、効果的な取り組みを継続できるようにすることが、筆者のライフワークです。

　本書を通して、経営者や実務者の方々に少しでもお役に立てることができれば、幸いです。

IS ラボ 代表　渡部 弘毅

ファンをつくる顧客体験の科学
「顧客ロイヤルティ」
丸わかり読本

CONTENTS

CONTENTS

CONTENTS

第1章
戦略編

デジタルシフト時代のマーケティングの潮流

■ デジタルマーケティングに対する疑問

近年、マーケティングの世界ではデジタル技術を駆使したデジタルマーケティングが盛んです。

- ハワイ旅行のサイトを見ていたら、それ以降ハワイツアーの広告がどんどん表示されるようになった。
- ECサイトでアパレル商品を買った翌日には、購入商品とコーディネートされたグッズをお薦めするメールが届き、期間限定の割引クーポンがついていた。
- 旅行で観光地に着いた直後に、近所のレストランや名産地お土産店の案内がクーポン付きでLINEで届いた。
- Facebookで「ダイエットしたいが長続きしない」という投稿をしていると、スポーツジムの広告が多くなった。

これらはデジタル技術を活用して購入意欲の高そうなお客様を効率的に見つけ出し、購入意欲を喚起する情報を提供することが可能になった典型的な例です。これは一昔前のマーケッターには実現不可能な夢のような世界です。

また、近年はカスタマージャーニーやその表現方法としてのカスタマージャーニーマップというワードが盛んに使われるようになっています。カスタマージャーニー（マップ）の定義をネットで調べてみました（2022年10月に確認）。

- カスタマージャーニーとは、顧客が商品やサービスを知り、最終的に購買するまでの、カスタマーの「行動」、「思考」、「感情」などのプロセスです。いわゆるフレームワークです。特に、図示化したものを「カスタマージャーニーマップ」といいます。
  https://innova-jp.com/customer-journey/
- カスタマージャーニーとは、一言でいうと「顧客が購入に至るプロセス」のことです。特に、顧客がどのように商品やブランドと接点を持って認知し、関心を持ち、購入意欲を喚起されて購買や登録などに至るのかという道筋を旅に例え、顧客の行動や心理を時系列的に可視化したものを「カスタマージャーニーマップ」と言います。
  https://liskul.com/customer-journey-1697#i
- カスタマージャーニーとは、「顧客が自社の商品を購入するまでにたどるプロセス」のことです。ブランド・商品と顧客のあらゆるタッチポイントにおいて、どのようにしてブランドや商品と接触し、その時にどういう体験をして、どのような心理変化を起こすのか。そして、その時の潜在ニーズは何か、最終的に何がトリガーになって購入に至ったのか、などを可視化するという考え方です。これを具体的に描いたものが「カスタマージャーニーマップ」です。
  https://dmlab.jp/words/e036.html

　カスタマージャーニー（マップ）は、お客様の行動や感情をプロセスベースで把握して施策に生かす手法として多く活用されています。

　しかし、筆者はこのマーケティングの潮流やカスタマージャーニーの定義に対して、以下の疑問点を抱いていました。

● **マーケティングは、結局のところ「売らんかな」のための方法論では？**

●**カスタマージャーニー（マップ）とは、広告代理店が広告の次のネタを売るためのバズワードでは？**

　カスタマージャーニーの定義では、ゴールが「購買」になっていることが主流です。そして、お客様の行動を見える化する対象は、販売しようとしている商品やブランドに対して各接点でどんな認知をして、どんな関心を持っているか、何に購入意欲を喚起されたかが焦点です。そして、その施策としてのデジタルマーケティングでは、購入意欲が高いお客様とその接点を見つけ出して湯水のように情報を発信するという手法がメインとなります。

　つまり、新しい分析手法とデジタル技術を使って「売らんかな」を推進するのがマーケティングの潮流だという解釈ができます。もちろん、その情報はお客様にニーズにあったものをニーズにあった接点で提供するため、お客様も納得して購入していただけることが大前提ではありますが、やはり企業視点の販売促進的施策の一環に見えます。

　筆者は、このようなマーケティングの潮流に対して「何か違うのではないか？」と疑問を抱いていました。

■ コトラーから学ぶマーケティングのパラダイムシフト

　そんな疑問に応えてくれた人物がいました。その名は、あのマーケティングの神様、フィリップ・コトラーです。コトラーは、MBAのマーケティング講座で教科書として使われるバイブル的存在の書籍「Marketing Management」の著者であり、現代のマーケティングの基礎を築いた一人です。そんな神様の2010年頃からの一連の書籍を読んでいると、筆者の疑問が解消しました。以下は彼の主な書籍です（**図表1-1**）。発

図表1-1　フィリップ・コトラーの一連の書籍

①

②

① コトラーのマーケティング3.0	(2010/9)
② コトラーのマーケティング4.0	(2017/8)
③ コトラーのリテール4.0	(2020/4)
④ コトラーのH2Hマーケティング	(2021/9)
⑤ コトラーのマーケティング5.0	(2022/4)

③

④

⑤

①〜③、⑤：朝日新聞出版
④：KADOKAWA

刊年月は日本でのものです。

　筆者の見解では、マーケティングの変革を主張した①は抽象的であり、一方で②は具体的な方法論を交えて分かりやすく解説しています。③は、②をリテール業界に適用したもので、抽象的ながらも理解しやすく、④と⑤は基本的な考え方は②と③をDX（デジタルトランスフォーメーション）やSDGsを意識した現代のキーワードで解説していますが、最後まで読む前に興味を失ってしまうかもしれません。未読の方は、ぜひ一度目を通してみてください。特に、②と③をお勧めします。1冊だけ選ぶとすれば、②が最もお勧めです。

■ マーケティングは狩猟型から農耕型へ

コトラーの一連の書籍からマーケティングの変遷についてまとめました（**図表1-2**）。

マーケティングが大きく変化した要因は、テクノロジーの進化に伴い、企業とお客様とのつながり方が変わったことです。

マーケティングとは、そもそもメーカーとお客様の間に大きな溝があり離れていたことから、その溝を埋めるために生まれた方法論と言えます。素晴らしい製品を作り、適切な価格を設定し、お客様に製品を知っていただき、どこでも購入できるように流通チャネルを整備

図表1-2　マーケティングの変遷

	企業と顧客はハンターと獲物の関係 <狩猟型マーケティング> 購買者づくり		生活者の急激なデジタルシフト	企業と顧客は社会の共存共栄関係 <農耕型マーケティング> ファンづくり	
	Marketing1.0 （1990年代以前）	Marketing2.0 （2000年前後）		Marketing3.0 （2010年前後）	Marketing4.0/5.0 （現在）
象徴的な テクノロジー	生産技術	情報技術 インターネット		SNS モバイル端末	スマートフォン 常時接続高速 インターネット、Wi-Fi
企業と顧客の つながり方	大きな溝が存在	企業と顧客が つながる		顧客同士が つながる	企業と顧客、 顧客同士が 常時つながる
顧客との交流	1対多数の取引	1対1の関係		多数対多数の 協働	多数対多数の 共創
高める価値	製品価値	差別化された 商品価値		企業の 社会的価値 （ミッション・ビジョン）	顧客体験価値 （カスタマー エクスペリエンス）
象徴的な マーケティング 手法	マーケティング ミックス（4P）	One to One マーケティング		コミュニティ マーケティング	カスタマー ジャーニー
ひとことで 言うと	製品中心の マーケティング	消費者中心の マーケティング		生活者中心の マーケティング	人間中心の マーケティング

コトラーのマーケティング3.0/4.0から筆者が解釈して作成

し、拡販を行う、いわゆる4P（Product、Price、Promotion、Place）が
メインとなるMarketing1.0から始まりました。

　インターネットの登場により、企業とお客様の間の距離が縮まり、
1対1のコミュニケーションが可能になりました。これによって、お
客様のプロファイルに合わせたOne to Oneマーケティングが可能な
Marketing2.0へと進化しました。しかし、Marketing2.0までは、企業
が情報発信者であり、お客様が受け手であるという関係性に大きな変
化はありませんでした。

　SNSの登場によりマーケティングはパラダイムシフトを起こしま
した。Marketing3.0の誕生です。SNSの普及により、企業とお客様の
みならず、お客様同士がつながるようになったのです。

　コトラーの言葉を借りると、Marketing2.0までは企業とお客様はハ
ンターと獲物の関係だったものが、Marketing3.0では企業とお客様は
共存共栄関係でなくてはならない、と言っています。これまで企業が
提供する製品やサービスに関する情報は、企業が圧倒的な情報を持ち
主導権を握っていましたが、SNSの登場でお客様同士がつながること
で、企業とお客様の主従関係が崩れ、同列な関係性が生まれました。
その結果、マーケティングのアプローチも、2.0までの効率的に購入意
欲のあるお客様を見つける手法から、お客様とともに成長する手法へ
と変革しなければなりません。筆者はこの変革を、「狩猟型マーケティ
ング」から「農耕型マーケティング」への変革、あるいは「購買者づく
りのマーケティング」から「ファンづくりのマーケティング」への変革
と名づけて腹に落とし込みました。

さらに、Marketing4.0以降ではスマートフォンの普及や高速インターネット、Wi-Fi技術の普及で、いつでもどこでも常時、企業とお客様、お客様同士がつながる環境になり、マーケティングのパラダイムシフトに拍車がかかっています。

　つまり、デジタルマーケティングの本質は、従来のマーケティング手法にデジタル技術を導入するのではなく、生活者の急激なデジタルシフト、とりわけスマートフォン&インターネットによるいつでもどこでも誰とでもつながる環境になったことで、マーケティングのやり方そのものを変革することです。決して、Marketing2.0までの狩猟型マーケティングにデジタル技術を導入してその効率を高めることがデジタルマーケティングではありません。デジタル技術を導入するのは、変革後の農耕型マーケティングが対象となります。

　ここで、もう一度本章の冒頭のデジタルマーケティングでの事例（P18参照）を読み返してください。これらの事例は、狩猟型マーケティングにデジタル技術を導入しただけであることが分かります。

■ 顧客体験向上が最重要施策

　コトラーは「マーケティング4.0」の中で、カスタマージャーニーについても言及しています（**図表1-3**）。

　まず、カスタマージャーニープロセスは認知、訴求、調査、行動、推奨の5つの段階に分かれています。そして、購買というイベントは行動の中の1つのイベントに位置づけています。さらに、重要な指標として購買行動率とブランド推奨率を挙げ、ブランド推奨率のほうが重要であることを主張しています。つまり、カスタマージャーニーの考

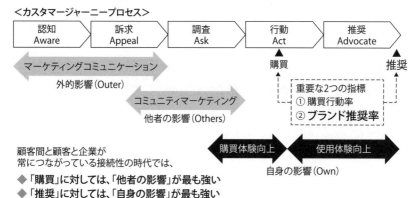

図表1-3　コトラーが定義するカスタマージャーニーマップ

＜カスタマージャーニープロセス＞

| 認知 Aware | 訴求 Appeal | 調査 Ask | 行動 Act | 推奨 Advocate |

マーケティングコミュニケーション
外的影響（Outer）

コミュニティマーケティング
他者の影響（Others）

購買　　　　　　　　　　　　推奨

重要な2つの指標
① 購買行動率
② **ブランド推奨率**

購買体験向上　　使用体験向上
自身の影響（Own）

顧客間と顧客と企業が
常につながっている接続性の時代では、
◆「購買」に対しては、「他者の影響」が最も強い
◆「推奨」に対しては、「自身の影響」が最も強い

コトラーのマーケティング4.0から筆者が解釈して作成

え方では「購買」はゴールではなく過程であって、むしろ「推奨」がゴールに近いと解釈できます。

　そして、書籍ではカスタマージャーニープロセスを3つのカテゴリに分類し、施策と重要指標への影響因子を整理しています。

　認知、訴求プロセスでの影響因子を外的影響（Outer）と定義しています。これはMarketing2.0までの主戦場であるマーケティングコミュニケーション施策と言えます。そして、訴求、調査プロセスでの影響因子を他者の影響（Others）と定義しています。これは、いわゆるSNSの登場によるクチコミなどにつながるコミュニティマーケティング施策と言えます。最後に、調査、行動、推奨のプロセスでの影響因子を自身の影響（Own）と定義しています。これは、昨今、マーケティングの世界でも注目を浴びている顧客体験向上施策と言えます。

　そして、各影響因子と重要な指標の相関性について言及していま

す。企業とお客様、お客様同士が常時接続している Marketing4.0 時代においては、

「購買」に対しては、「他者の影響」が最も強い
「推奨」に対しては、「自身の影響」が最も強い

　これを論理的に解釈すると、購買に影響力が強い他者になる人は、自身の影響によって推奨者になった人であるため、Marketing4.0 時代で最も重要な施策は、顧客体験向上施策であると言えます。

　もう少し平たく言うと、Marketing2.0 までの狩猟型マーケティング時代は、企業からタイムリーに発信される広告や情報が効果的でしたが、Marketing3.0 以降の農耕型マーケティング時代は、企業から一方的に発信される都合のよい情報ではなく、お客様自身の顧客体験やそれに基づくブランド推奨によるクチコミがより効果的に機能する時代になりました。

　再度、本章冒頭で紹介したインターネットで検索したカスタマージャーニーの定義（P19参照）を見てみましょう。「購買」がゴールとされ、購入意欲を刺激する情報発信が主要な施策として定義されていますが、これには違和感があります。カスタマージャーニーの定義は、農耕型マーケティングに適合するように、ゴールや可視化する対象、施策の種類を変更する必要があります。

　従来型マーケティングからの変革の重要性や顧客体験の重要性は、コトラーの他の書籍でも明らかにされています。以下に、筆者が特に共感した文章をいくつか紹介します。

デジタル革命による変化とピュア・デジタル・プレーヤーの出現の結果、顧客経験が全面的に最優先事項となった。そして、人々の期待が進化した。タッチポイントの細分化が進み、消費者は製品やサービスにアクセスする機会が増加している。　　　　　　　　　　（コトラーのリテール4.0）

リテールとは、商品をバッグに入れさせることではない。長期にわたって継続する消費者とのリレーションシップをクロスメディアで築き、後に、その消費者に最も適したタイミングと方法で利益を回収する。

（コトラーのリテール4.0）

4Pマーケティングミックスを重視したプッシュ型マーケティングは、デジタル社会の現実にもはやフィットしない。（コトラーのH2Hマーケティング）

エクスペリエンス・イノベーションの目的は商品やサービスの改善ではなく、企業、消費者及びそのネットワークが生息する環境の共創にある。その目標は、パーソナライズされた、進化可能な経験の提供であり、モノやサービスはそこへの手段として進化する　　　（コトラーのH2Hマーケティング）

　コトラーは決して新進気鋭の学者ではなく、Marketing1.0からの基礎を築いた大家です。筆者が感心するのは、コトラー自ら、自身が築いてきた方法論を、時代の変化に合わせて否定し、変革し続けていることです。書籍「コトラーのマーケティング5.0」でも、サービスドミナントロジックというポストコトラーの方法論が非常に重要な考え方として認め、推奨しています。

　この偉大なコトラーのメッセージを、現場で使える方法論に具体化し、普及させることが筆者の役割だと考えています。本書がその一端を担うことができれば、大変光栄です。

ロイヤルティの定義

■ 3つの視点で語られるロイヤルティ

筆者は、日本オムニチャネル協会の活動に参加しています。日本オムニチャネル協会は、340名／250社以上（2023年8月現在）の小売業他のさまざまな業界、そしてそれらを支援するIT・サービスベンダーが集まり、専門家によるセミナーや各分科会で研究や議論活動を行っています（https://www.omniassociation.com/）。その中で筆者は、2022年度はロイヤルティ分科会のリーダーを担当しました。

分科会の活動の中で、ロイヤルティの定義をするために、各メンバーに、「**ロイヤルティが高いお客様とはどんな状態のお客様か？**」という問いかけをして、意見を出してもらいました。多くの意見が寄せられ、それらを分類し整理しました（**図表1-4**）。

意見は主に3つのカテゴリに分類できます。それらは、経済（購買）視点、行動視点、心理視点に分けられました。これらはいずれも、高いロイヤルティ状態を判断するための重要な要素です。ここで、各視点の特徴をまとめます（**図表1-5**）。

心理ロイヤルティ

お客様から見た企業への気持ちで定義されるロイヤルティ。ファンづくりにおいては、お客様の気持ちが重要であり、最も重要視されるロイヤルティです。ロイヤルティが高い状態とは、お客様視点が重要であり、心理ロイヤルティが高い状態と定義すべきです。

図表1-4　ロイヤルティが高いお客様とは？ ①

視点	集約カテゴリ	メンバーの意見
経済（購買）視点	リピート	リピートしてくれる
		購入回数が多い
		ネットで何も言わず買い続けてくれる人
		継続して購入
		販売サイトで当社を指定いただく
		利用頻度が高い
	財布内シェア	金銭的シェアが高い
		財布内シェアが高い
	取扱高	お取り扱いの範囲が拡大する
	価格	値切らない
行動視点	イベント参加	ショールームに来館される
		イベントの参加、レビュー投稿が多い
	情報収集	商品やサービス以外の情報も収集する
		積極的に情報収集する
		最新情報を知りたい
		情報を収集している
	VOCを示す	わざわざCSに連絡いただく
		率先してアンケートに回答する
		会話量が多い
		正しく評価してくれる。意思を表示してくれる
		アンケートに回答
	推奨行動	誰かにオススメする
		第三者に推奨する
		人にすすめる・情報シェアする
		企業やブランドを周りに広めてくれる
		率先して連れていったり、プレゼントしてあげたりする
		知り合いにお勧めする
		知人や同僚などにその製品やサービスを薦めてくれる
		拡散量が多い
		見返りを求めず、愛情をもってその良さを周りに伝えてくださる
		自信をもって推奨できる
		啓蒙活動
	ライフスタイル	長い年月を共有している（自身の人生と時間を共有）
		家族が使っていて幼少期から触れている
	業界固有の行動	家具修理を希望する
		セールスドライバーを名前で呼んでいただける

日本オムニチャネル協会 ロイヤルティ分科会内議論

図表1-4　ロイヤルティが高いお客様とは？ ②

視点	集約カテゴリ	メンバーの意見
心理視点	信頼	信頼してくれている
		揺るがない信用度
		お互いに信頼を裏切らない
		信用度/信頼度が高い
		安心感を持っている
	愛着	長く使うことに愛着を感じてる
		感情的にも好きになってくれている
		家族との思い出がある
		購入意欲が継続（欲しい状態が続いている、買っていることは必要条件ではない？）
		「そのメーカーのものだから」購入するという意思がある
		多面的要素に対して特別な感情を持っている状態
		継続的に利用したいと思う
		ブランドのために貢献したいと思う
	応援	企業として応援したくなる
		応援したい気持ちを持っている
		より良い商品やサービスになって欲しいと思っている
		良さを伝えたいと思う
		かっこいいと捉えてくれる
		不満があっても許して応援してくれる
	共創	一緒に仕事していて楽しい
	企業・ブランド理解	商品だけでなく会社の考え方も理解してくれる
		企業・ブランドに理解がある
	価値観共有	ファン同士なら志向が通じ合う
		価値観の共有に満足を得る
		ブランドストーリーとかビジョンへの共感
		他のユーザーとのつながりがある
	マインドシェア	マインドシェアが高い
		いつでも想起する

日本オムニチャネル協会 ロイヤルティ分科会内議論

図表1-5　３つのロイヤルティ

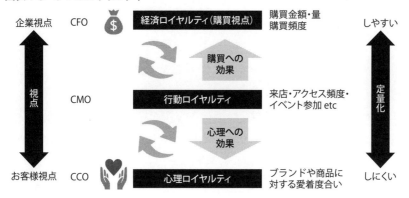

経済ロイヤルティ

お客様と企業の取引量や回数で定義されるロイヤルティ。収益マネ
ジメント上で重要な定義となります。ただし、心理ロイヤルティが
高いお客様は経済ロイヤルティが高くなる可能性が非常に高いです
が、経済ロイヤルティが高いからといって、心理ロイヤルティが高
いとは限りません。

行動ロイヤルティ

お客様との接点（タッチポイント）の回数や質で定義されるロイヤ
ルティ。心理ロイヤルティや経済ロイヤルティに影響を与える重要
な指標となります。一般的に言われているCX（カスタマーエクスペ
リエンス）施策は、この行動ロイヤルティを向上させるための取り
組みと解釈できます。

　どのロイヤルティに力点を置くかは、企業の役職によっても異なり
ます。CFO（Chief Financial Officer）は収益に直結する経済ロイヤル
ティ、CMO（Chief Marketing Officer）はお客様とのタッチポイント
施策の効果視点の行動ロイヤルティ、CCO（Chief Customer Officer）

31

はお客様の満足や愛着度合いを重視した心理ロイヤルティに着目します。ファンづくりやロイヤルティ向上活動を社内で啓発したり、プレゼンテーションを行う際には、相手の役職や部署によって興味の視点が異なることを認識しておくことが重要です。

また、定量化の視点では、経済ロイヤルティはデジタル情報として把握しやすい項目が多い一方で、心理ロイヤルティは定量化して把握するのが困難なロイヤルティです。行動ロイヤルティは、昨今のお客様のデジタルシフトが加速され、企業サイドから把握することが容易になってきました。

心理ロイヤルティがファンづくりに重要であると理解しながらも、定量化が難しいために精神論で片付けられるケースが多く、ファンづくりのマネジメントでは経済・行動ロイヤルティの指標による管理しかできていない状況に陥っている例が少なくありません。

本書では、心理ロイヤルティをKGI（Key Goal Indicator）として、その要因を構造化、定量化、分析する手法を解説していきます。

■ 腹落ちするロイヤルティの定義

日本オムニチャネル協会のロイヤルティ分科会での議論を踏まえ、3つのロイヤルティの特徴に基づいた定義を策定しました。筆者もこれまで、さまざまな定義を試みましたが、現段階ではこの定義が最も納得できるものです。

＜ブランドや商品に対するロイヤルティの定義＞

ブランドや商品に対して、信頼や愛着をもって末永く関係行動※し続け
たいと思う気持ち

関係行動とは？

購買(契約)する、購買(契約)した商品やサービスを利用する、来店する、イ
ベントに参加する、情報を収集する、情報を拡散する、ネットのコンテンツ
を閲覧する、カスタマーサポートにコンタクトする、アンケートに答える、他
人に推奨する、応援する、思い続けるなど、**自分の時間やお金を費やしてブ**
ランドや商品に関わる行動を実施すること。

　ファンづくりの重要な要素であるロイヤルティは、3つのロイヤル
ティの観点から最重要とされる心理ロイヤルティ、つまりお客様の気
持ちで定義され、それに影響を与える行動ロイヤルティは関係行動と
いう言葉で表現されます。

　さらに重要な点は、経済ロイヤルティに直結する購買が、多くの関
係行動の中の１つであり、購買行動も心理ロイヤルティ、すなわちお
客様の気持ちを向上させるための行動の１つとして定義されているこ
とです。

　実業の現場では、日々の収益獲得が重要であり、経済ロイヤルティ、
つまり収益主導のマネジメントが主となることが現実です。しかし、
ファンづくりの原点に立ち返る際には、このロイヤルティの定義が非
常に有効であることが分かります。

1-3
ロイヤルティマネジメントとは

■ 購買者づくりとファンづくりのマネジメント

小売事業者の経営者に質問をしました。

「お客様のロイヤルティをどのように測定していますか？」

多くの方から次のような回答がありました。

「会員カードのランクで判断しています」
「RFM分析を利用しています」

RはRecency（直近いつ来店したか）、FはFrequency（一定期間内に何回来店したか）、MはMonetary（一定期間内でいくら購入したか）を表します。RFM分析は、これらの指標をスコア化し、お客様のロイヤルティや離反状況を把握する小売業界で基本的な分析手法です。会員カードのランクは、特にM（購入金額）を基準にお客様のランクを決定することが多いです。

ここまでお読みいただくとお分かりのとおり、このロイヤルティの測り方は経済ロイヤルティを重視したものです。つまり、企業視点でのロイヤルティ度合いであり、自社に利益をもたらすお客様が高いロイヤルティとされています。

お客様のAさんはBブランドの洋服が大好きですが、学生であり可

34

処分所得が低いため、頻繁に購入はできません。それでも彼女はインスタグラムでBブランドの洋服を楽しんでいます。お小遣いが貯まると必ず購入に行きますが、それは年に1回程度です。

　ここでロイヤルティの定義を再確認しましょう。

<ブランドや商品に対するロイヤルティの定義>
ブランドや商品に対して、信頼や愛着をもって末永く関係行動し続けたいと思う気持ち

　この定義に基づくと、Aさんはロイヤルティが非常に高いが、企業の論理では購入金額が低いため、ロイヤルティが低いと判断されます。これはファンづくりのマネジメントとして誤りです。Aさんは、購買行動におけるスコアは低いですが、インスタグラムへのアクセスという関係行動は高く、商品やその他の体験に対する満足度も高いことが想定され、ロイヤルティは高いと考えるべきです。

　さらに問題なのは、販売現場や担当者はAさんのような人が大切であることを理解しているにもかかわらず、マネジメントの観点からは見過ごされてしまうことです。このようなお客様が多く存在することが、将来の事業繁栄の大きな要因であることを、現場でお客様と接するスタッフは知っています。そのため、ロイヤルティの定義やAさんの重要性を誰も否定しません。しかし、マネジメントの視点では、Aさんが見落とされ、経済ロイヤルティを重視した購買者づくりのオペレーションが優先されるというのが実情です。

これは、まさにマネジメントの問題です。

マーケティングの流れは、狩猟型から農耕型へと移り、購買者づくりからファンづくりへの転換が重要となっています（1-1、P22参照）。そして、ロイヤルティの定義は経済ロイヤルティではなく心理ロイヤルティに基づくべきです（1-2、P28参照）。机上の総論では理解されていて、かつ現場のスタッフは肌感覚で実感しているものの、マネジメントの問題で現場オペレーションまで浸透していないのが現状です。

　主な理由は、購買者づくりのマネジメントとファンづくりのマネジメントの違いを十分に認識していないことです。

　1つ目の違いは、評価指標の明確性です。

　「購買者づくり」の結果は、数値で明確に評価することができます。評価期間中にどれだけの購買者がいて、どれだけの購買金額があったかは数値で把握でき、基準に沿った評価が可能です。しかし、「ファンづくり」では、ファンそのものの定義が曖昧で、何をもってファンとみなすかが不明確であるため、定量的な評価が難しい状況です。また、本書で定義したロイヤルティ（1-2、P33参照）である「**ブランドや商品に対して、信頼や愛着をもって末永く関係行動し続けたいと思う気持ち**」を正確に定量化することは困難です。

　2つ目の違いは、マネジメントの時間軸です。

　購買者づくりでは、1日、1カ月、1年といった短期間の視野でマネジメントが行われますが、ファンづくりでは期限のない中長期的な視野でマネジメントが行われます。

　これら２つの違いによって、購買者づくりのマネジメントに比べ、ファンづくりのマネジメントのハードルが高くなります。

■ マネジメントの同一化現象

　この２つの違いがあるにもかかわらず、「ファンづくり」のマネジメントが「購買者づくり」のマネジメントと同一化してしまうという現象が起こります。

　最初の同一化現象が、購入量や購入金額が多いお客様がファンという間違った解釈をすることです。これは、評価指標の違いを認識しておらず、「ファンづくり」の指標が曖昧になることが原因です。ファンとは心理的な視点で評価されるべきです。ファンであれば購入量が多くなる可能性は高いですが、購入量の多さだけでファンの程度を決めることはできません。多く購入いただいているお客様がファンだと定義するのは、極めて企業都合の視点です。これは、前述の３つのロイヤルティの節 (1-2、P28参照) で解説したとおりですし、前出のお客様のＡさんの事例が象徴的です。

　次に生じる同一化現象が、「ファンづくり」を「購買者づくり」の手段にしてしまうことです。これは、マネジメントの時間軸の違いを認識しておらず、「ファンづくり」の中長期的視野に対する我慢ができなくなることが原因です。

　顧客志向を掲げている企業は、「ファンづくり」のKGIは心理的な視点で定義されるべきです。これは、前述 (1-2、P33参照) で定義したロイヤルティをKGIと位置づけることです。決して「ファンづくり」の活動を「購買者づくり」のKGI達成の手段に位置づけるべきではあり

ません。例えば、今月の売り上げ（KGI）達成のための1つのKPI（Key Performance Indicator）として今月の接客満足度を設定し、その成果を評価するようなマネジメントは避けるべきです。

■ 後輪駆動で安定走行する

購買者づくりとファンづくりのマネジメントを自動車の走行に例えてみましょう（**図表1-6**）。

購買者づくりは、前輪駆動でぐいぐい引っ張っていくタイプです。短期的な成果、すなわちOne Time Valueを重視し、広告、キャンペーン、セールなどのファネルマネジメントタイプの施策を展開していきます。ファンづくりは、後輪駆動で後ろから押し上げていくタイプです。中期的な成果、すなわちLife Time Valueを重視し、CX（Customer Experience）施策や顧客満足度、コミュニティづくりなどのロイヤルティマネジメントタイプの施策を展開していきます。

本書ではファンづくりの方法論を解説しますが、もちろん購買者づくりが不要だと主張しているわけではありません。事業特性や状況に合わせて前輪と後輪を使い分ける必要があります（**図表1-7**）。しかしながら、前述のマーケティングのパラダイムシフト（1-1、P20参照）によって、後輪の重要性が増してきたことと、後輪をしっかり稼働させることで、前輪に頼ることなく費用対効果の高いサステナブルな経営が可能となります。

■ 精神論からの脱却

ファンづくりのマネジメントは、総論は理解されても、各論、すなわち現場のマネジメントでは精神論に陥る場合も多く、掛け声だけは

図表1-6 マネジメントの両輪

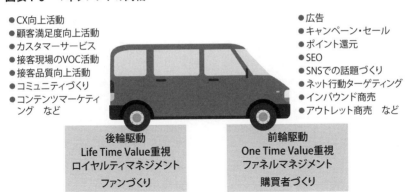

- CX向上活動
- 顧客満足度向上活動
- カスタマーサービス
- 接客現場のVOC活動
- 接客品質向上活動
- コミュニティづくり
- コンテンツマーケティング　など

- 広告
- キャンペーン・セール
- ポイント還元
- SEO
- SNSでの話題づくり
- ネット行動ターゲティング
- インバウンド商売
- アウトレット商売　など

後輪駆動
Life Time Value重視
ロイヤルティマネジメント
ファンづくり

前輪駆動
One Time Value重視
ファネルマネジメント
購買者づくり

図表1-7 前輪後輪の使い分け

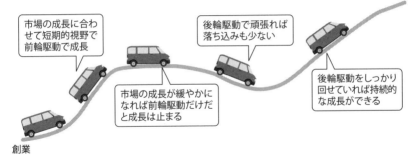

市場の成長に合わせて短期的視野で前輪駆動で成長

後輪駆動で頑張れば落ち込みも少ない

市場の成長が緩やかになれば前輪駆動だけだと成長は止まる

後輪駆動をしっかり回せていれば持続的な成長ができる

創業

事業特性や状況	前輪駆動	後輪駆動
既存顧客の維持より新規顧客獲得が重要な事業や時期	●	
新規顧客の獲得より既存顧客維持が重要な事業や時期		●
市場が急激に拡大しており急成長が重要な事業や時期	●	
市場が成熟しており持続的な成長が重要な事業や時期		●
自然なクチコミより仕掛けによるブームが重要な事業や時期	●	
仕掛けによるブームより自然なクチコミが重要な事業や時期		●
サブスクリプションモデルの事業		●
カスタマーサクセスが重要な事業や時期		●
SDGsに対応した事業		●

ファンづくりの重要性を説いていますが、現実では購買者づくりのマネジメントが推進されているケースが多くみられます。ファンづくりは誰も反対はしない、むしろ賛成するが根付いてもいない、といった状態です。

目的に合ったマネジメントが必要で、これは正しいことを正しく着実に実行するためです。思いだけではうまく回りません。そんな精神論になりがちな活動に、科学的なマネジメントを導入して素晴らしい活動の火が消えないようにすることが本書の目的です。

次章からは、具体的な方法論について解説します。

第2章
ロジック基本編

心理ロイヤルティの構造化 6つの法則

　第1章では、マーケティングの潮流を踏まえ、腹落ちするロイヤルティの定義をしました。そして、ファンづくりのマネジメントの本質を購買者づくりのマネジメントと比較しながら解説しました。

　本章では、精神論に陥りがちなファンづくりのマネジメントから脱却するために、心理ロイヤルティの見える化手法について解説します。これは本書の中核となる章です。筆者が試行錯誤を繰り返しながら編み出した6つの法則に従って解説を行います。

＜法則1＞
心理ロイヤルティ（ロイヤルティスコア）は、複数のロイヤルティドライバーの満足から形成される：ドライバー満足度

　心理ロイヤルティの定義は前述（1-2、P33参照）のとおり、「**ブランドや商品に対して、信頼や愛着をもって末永く関係行動し続けたいと思う気持ち**」です。この気持ちはお客様一人ひとりにとって1つです。その気持ちを左右する要素を明確にできれば、構造化の第一歩になります。

　そこで、お客様とブランドや商品との関係において、多くの満足体験が心理ロイヤルティを形成すると定義しました。つまり、多くの接点での満足や不満足が心理ロイヤルティの度合いを決定します。そして、この1つひとつの満足度を測る単位を「ロイヤルティドライバー」と命名しました。

「私はこの商品のデザインが大好きで、ずっと買い続けたい」と思うのは、ロイヤルティドライバーの1つである「商品デザイン」の満足度が高いからだと解釈します。「店員の接客が気にいっているので、この店にずっと通いたい」と思うのは、やはりロイヤルティドライバーの1つである「店員の接客」の満足度が高いからだと解釈します。また、1つの心理ロイヤルティには多くのロイヤルティドライバーの満足が関与しています。満足度の高いロイヤルティドライバーが多ければ、心理ロイヤルティも高くなりますが、満足度の低いロイヤルティドライバーが多いと心理ロイヤルティは低くなります。

この満足度を「ドライバー満足度」と名づけて、お客様ごとの満足度を集計してドライバーごとにスコア化します。スコア化の方法は2-2（P64参照）で解説します。

セミナーやプレゼンテーションでロイヤルティの重要性を強調する説明を聞きますが、「これからは顧客満足向上活動ではなく、ロイヤルティ向上活動です」という発言は要注意です。なぜなら、ロイヤルティは顧客満足とは異なるレイヤーに位置するからです。多くの顧客満足活動がロイヤルティを支えており、顧客満足活動が不要になることはありません。ロイヤルティ向上活動とは、具体的には各ロイヤルティドライバーの満足度を向上させる活動です。

ロイヤルティドライバーは、基本価値ドライバーと体験価値ドライバーに分類されます（**図表2-1**）。基本価値ドライバーは、事業で取り扱う商品やサービスの核となる価値を提供するドライバーです。例えば、小売業では品揃え、商品機能、デザイン、店舗立地が該当し、SaaS事業ではソフトウエアの品質、機能性、カスタマイズ性が該当します。

体験価値ドライバーは、基本価値提供時のお客様とのタッチポイント
で価値を提供するドライバーです。小売業では、店舗ディスプレイ、
接客、ECサイトの提供コンテンツ、検索機能などが該当し、SaaS事
業ではチャットを通じたテクニカルサポート、FAQ、ユーザーコミュ
ニティなどが該当します。

　特に重要なのは、体験価値ドライバーです。前述のマーケティング
のパラダイムシフトで触れたように、Marketing3.0以降の焦点は顧客
体験（1-1、P24参照）です。つまり、体験価値ドライバーを心理ロイヤ
ルティ上での強みとすることが重要な戦略になります。商品中心の事
業から顧客体験中心の事業への転換が求められている現在、体験価値
ドライバーの強みを可視化することが大切です。

　体験価値ドライバーは、さまざまなカテゴリに分類できます（図表
2-1）。一般的には、カスタマージャーニープロセスごとにカテゴリ分

図表2-1　ロイヤルティドライバー

| 心理ロイ |
| ブランドや商品に対して、信頼や愛着をもっ |

基本価値ドライバー		体験価値		
商品	施設	ブランド知覚体験	販促体験	購買体験
ドライバー1	ドライバー4	ドライバー7	ドライバー10	
ドライバー2	ドライバー5	ドライバー8		ドライバー11
ドライバー3	ドライバー6	ドライバー9	ドライバー12	ドライバー13
⋮	⋮	⋮	⋮	⋮
複数のロイヤルティドライバー（業種・業態により必要な				

けすることで、理解しやすくなります。ただし、業種や企業ごとにドライバーを定義する必要があります。ロイヤルティドライバーの定義方法と具体例は、第3章の実践編で詳しく述べます。

＜法則2＞
ロイヤルティドライバーの満足は、ドライバーごとに
心理ロイヤルティへの影響度が異なる：**ドライバー琴線感度**

　法則1で述べたとおり、各ロイヤルティドライバーの高い満足が心理ロイヤルティを向上させますが、ドライバーごとに心理ロイヤルティへの影響度合いは異なります。例えば、アパレル小売りで、「店内のディスプレイ閲覧」と「試着」という2つのドライバーを比較した場合、同じ高い満足を提供しても「試着」のほうが心理ロイヤルティへの影響度合いが高いというケースです。ディスプレイを見て素敵だと感じた体験よりも、試着時の接客で良い体験をしたほうが、ずっとこ

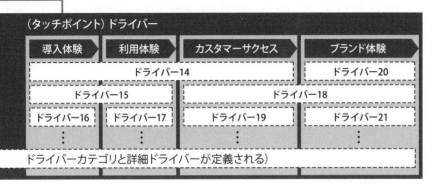

の先もこの店に通い続けたいと思う気持ちが高まる、というケースです。法則1に基づけば、店内ディスプレイ閲覧と試着のどちらも満足度を向上させることが心理ロイヤルティを高める要因になりますが、試着の満足度を高めるほうが、より心理ロイヤルティを高めやすいという解釈になります。

この影響度合いはお客様ごとに異なりますが、定量化する際にはドライバーごとに算出し、この影響度合いを「ドライバー琴線感度」としてスコア化します。スコア化の方法は2-2（P66参照）で解説します。

法則1と2を併せると、心理ロイヤルティの度合いは、各ドライバーの満足度（ドライバー満足度）と各ドライバーの高い満足度が心理ロイヤルティに与える影響度合い（ドライバー琴線感度）の掛け算で決まるという解釈になります（**図表2-2**）。ロイヤルティドライバーは、満足度と琴線感度を定量化することで、心理ロイヤルティ向上のための施策を検討できます。

＜法則3＞
ロイヤルティドライバーは、お客様ごとに体験しているドライバーと体験していないドライバーがある：**ドライバー体験率**

ロイヤルティドライバーの中には、すべてのお客様が体験しているドライバーもあれば、限られたお客様しか体験していないドライバーもあります。アパレル小売業の場合、来店されたお客様は、「店内のディスプレイ閲覧」はすべてのお客様が体験しますが、「試着」はすべてのお客様が体験するとは限りません。つまり、お客様によっては「試着」というドライバーが心理ロイヤルティとは無関係な存在になりま

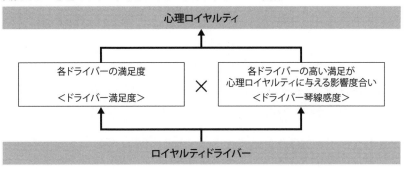

図表2-2　心理ロイヤルティとロイヤルティドライバーの関係

心理ロイヤルティ

| 各ドライバーの満足度

 <ドライバー満足度> | × | 各ドライバーの高い満足が 心理ロイヤルティに与える影響度合い
 <ドライバー琴線感度> |

ロイヤルティドライバー

す。アンケートの観点から言うと、試着をしていないお客様は、試着のドライバー満足度を評価することはできません。

したがって、各ロイヤルティドライバーは、お客様の「ドライバー体験率」を定量化する必要があります。体験率が低いドライバーは、量的視点で全体の心理ロイヤルティへの影響度合いが低いと判断します。

＜法則4＞
ロイヤルティドライバーの満足は、
複数のポジティブ・ネガティブ体験から形成される：**体験頻度**

心理ロイヤルティの構造化において、ロイヤルティドライバーを定義し定量化することで多くの考察ができますが、さらにその下のレイヤーまで構造化することで、考察がより深まります。つまり、ドライバー満足度を決定する要因を定義することです。

ドライバー満足度は、ドライバーごとの数多くのポジティブ体験とネガティブ体験から決まります。アパレルショップでの試着時（「試着」

ドライバー）に、試着室の良い設備や素晴らしい店員の接客などのポジティブ体験をしたお客様は、「試着」ドライバーに対する満足度が高くなります。一方、支払い時に長時間待たされ、クレジットカード以外のキャッシュレス決済に対応していないことに失望したなどのネガティブ体験は、「決済」ドライバーに対する満足度が低くなります。したがって、多くのお客様が体験するポジティブ体験はドライバー満足度に対して大きな好影響を与え、多くのお客様が体験するネガティブ体験はドライバー満足度に対して大きな悪影響を与えると判断できます。

　定量化においては、ポジティブ・ネガティブ体験ごとのお客様の「体験頻度（率）」を算出してスコア化します。スコア化の方法については、2-2（P72参照）で詳しく述べます。

＜法則５＞
ポジティブ・ネガティブ体験は、
体験ごとに心理ロイヤルティへの影響度が異なる：**体験琴線感度**

　法則２では、各ロイヤルティドライバーの満足がドライバーごとに心理ロイヤルティへの影響度合いが異なることを説明しました。同様に、ポジティブ・ネガティブ体験も、体験内容によって心理ロイヤルティへの影響度合いが異なります。アパレルショップでの試着場面（「試着」ドライバー）では、「試着部屋が明るくて気持ち良かった」という体験と、「店員の以前購入した服とのコーディネートアドバイスが親身で良かった」という体験は、後者のほうが心に響き、次回の来店意欲が高まると考えられます。一方で、「フロアが汚れていて嫌だった」という体験と「店舗内が混雑していて嫌だった」という体験では、前者のほうが落胆度合いが高く、次回の来店意欲が低くなると考えられます。

図表 2-3　ロイヤルティドライバーと顧客体験の関係

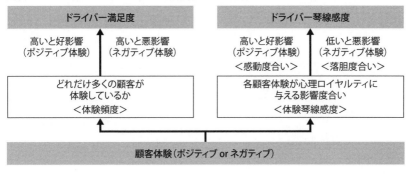

　つまり、各体験によって心理ロイヤルティへの影響度合いが異なると解釈できます。この体験における心理ロイヤルティへの影響度合いを定量化したものが、「体験琴線感度」です。

　さらに、心理ロイヤルティへの影響度合いは、ポジティブ体験では感動度合い、ネガティブ体験では落胆度合いとして解釈できます。そして、体験琴線感度が非常に高いポジティブ体験を感動体験、体験琴線感度が非常に低いネガティブ体験を落胆体験と呼びます。これらは、例えば、「あの時の店員の気配りは神対応で感動体験だったよね」といった日常の会話を定量化し、可視化する試みです。

　この体験琴線感度は、法則2で定義したドライバー琴線感度に影響を与えると解釈できます。高い体験琴線感度を持つポジティブ体験はドライバー琴線感度に好影響を与え、低い体験琴線感度を持つネガティブ体験はドライバー琴線感度に悪影響を与えると考えられます。

　法則4と5を踏まえて、ロイヤルティドライバーとポジティブ・ネガティブ体験の関係性を整理しました（**図表2-3**）。

各顧客体験は、体験頻度と体験琴線感度によって定量化され、体験頻度がドライバー満足度に、体験琴線感度がドライバー琴線感度に影響を与えます。スコア化の方法については、2-2（P74参照）で詳しく説明します。

<法則6>

定量化された心理ロイヤルティ関連スコアは、

顧客セグメントごとに異なる

　法則1〜5では、心理ロイヤルティを最上位のKGI（Key Goal Indicator）

図表2-4　6つの法則に基づいた心理ロイヤルティの構造化（まとめ）

と位置づけ、ロイヤルティドライバーおよび顧客体験を構造化し、それらのスコアの因果関係を解説しました。これらのスコアは、顧客セグメントによって異なります。

　例えば、小売事業者の場合、性別、年齢層、ライフスタイルなどによって、心理ロイヤルティや各ドライバーの満足度が異なります。SaaS事業者の場合、利用するプロダクト、業界、企業規模、利用開始からの経過年数などによって、心理ロイヤルティや各ドライバーの満足度が異なります。全顧客を母数とした各スコアを出すとともに、顧客セグメントごとのスコアを算出して比較することで、現在の心理ロ

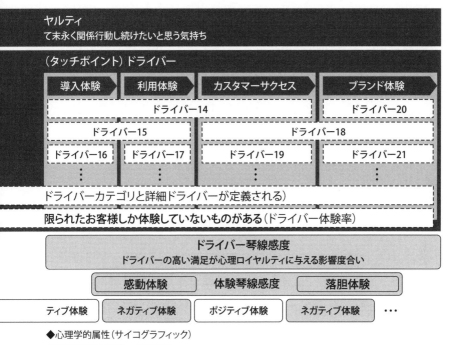

イヤルティを支えているのはどの顧客セグメントなのか、今後全体の心理ロイヤルティを向上させるには、どの顧客セグメントを狙うべきか、あるいはどの顧客セグメントのどのロイヤルティドライバーに注力すべきかなどの考察が容易になります。

　顧客セグメントの設定方法は、一般的なマーケティングのセグメント決定と同様に、地理学的属性（ジオグラフィック）、人口統計学的属性（デモグラフィック）、心理学的属性（サイコグラフィック）、行動学的属性（ビヘイビアル）で決定します。詳細は第3章で解説します。また、顧客セグメント間の比較レポートの作成方法や事例については、第4章で解説します。

■ 3階層で構造化し、定量化する（まとめ）

　図表2-4には、法則1〜6がまとめられた図が示されています。

心理ロイヤルティを頂点とし、ロイヤルティドライバーと顧客体験の3階層で構造化します。心理ロイヤルティ、ドライバー満足度、ドライバー琴線感度、ドライバー体験率、体験頻度、体験琴線感度の6つのスコアで定量化し、それらのスコアを顧客セグメントで比較します。

　この基本的なフレームワークに従って、各定義を実施し、お客様アンケートを設計し、分析レポートを作成していきます。定量化のロジックは、次節の2-2で説明します。詳細な作業手順と事例は第3章で解説し、分析アウトプットの作成方法と事例については第4章で説明します。

2-2 心理ロイヤルティの定量化

　本節では、6つの法則に従って定義した6つのスコアの定量化ロジックに関して解説します。

2-2-1　ロイヤルティスコア

　心理ロイヤルティの定義は前述のとおり（1-2、P33参照）、「**ブランドや商品に対して、信頼や愛着をもって末永く関係行動し続けたいと思う気持ち**」です。この定義を定量的に示す指標がロイヤルティスコアです。末永く関係行動を続けたいという気持ちを、アンケートで5段階評価してスコア化する方法もありますが、ビジネス界ではよく、代表的な重要な関係行動に焦点を当ててスコア化する方法が採用されています。

■ デファクトスタンダード NPS（Net Promoter Score）

　アンケートによるロイヤルティ指標の中で最も有名で広く使われているのが、NPS（Net Promoter Score®）です。これは多くの読者が既に知っている指標です。関係行動の中で推奨行動に焦点を当て、推奨意向を取得しスコア化します。

　フレッド・ライクヘルド（Fred Reichheld）が著書『ネット・プロモーター経営』で提唱した、カスタマーロイヤルティを計測する指標です。親しい友人や家族に企業や商品を薦める可能性を0 〜 10の11段階で評価し、9、10を推奨者、7、8を中立者、6以下を批判者として分類し、推奨者の割合から批判者の割合を引いた値をNPSとしてロイヤルティスコアとします（**図表2-5**）。6以下が批判者と定義される厳しい

スコアであり、すぐにマイナススコアになることもありますが、多くの企業でNPSが採用されている主な理由は以下のとおりです。

① 自分が気に入っているだけではなく、高い信頼性がなければ推奨しないという消費者心理があり、高いロイヤルティのお客様を特定できる。
② 未来志向の先行指標としてシンプルで理解しやすい。
③ 将来の収益性との相関が過去の調査結果で確認されている。
④ 世界中の多くの企業がロイヤルティ指標として採用しているため、比較用のベンチマーク情報が豊富。
⑤ NPSを活用した分析や施策立案の手法が既に多数存在し、知見が容易に得られる。

　特に、新たに採用を検討している企業にとっては、④および⑤の実績により他社の知見を多く活用できる点が魅力的です。筆者がロイヤルティアセスメントのコンサルティングで最も頻繁に採用している指標も、NPSです。

図表2-5　NPS(Net Promoter Score) とは

「正味お客様推奨率」(Net Promoter Score)

推奨意向を測る質問	XXXX(企業や商品)を、仲のいい友人や家族に対して薦める可能性を10点満点でお答えください。

非常に可能性が低い　　　　　　　　　　　　　　　　　　非常に可能性が高い

| 0 | 1 | 2 | 3 | 4 | 5 | 6 | 7 | 8 | 9 | 10 |

批判者　　　　　　　　　　中立者　　　　推奨者

NPS ＝ 推奨者の率% － 批判者の率%

NPS®はBain&Company、Fred Reichheld、Satmetrix Systemsの登録商標です

■ NPSの問題点

NPSはデファクトスタンダードとされるロイヤルティ指標ですが、他の多くの指標と同様に、万能ではなく問題点が存在します。筆者がコンサルティングで苦労し、また、疑問を抱いた点やクライアントやロイヤルティを議論する研究会メンバーから聞いたNPSの問題点は以下のとおりです。

① 11段階評価では正確性が担保しにくい

アンケートでは、推奨意向を11段階でお客様に評価していただきます。そのため、お客様によって各段階の重みづけが異なります。同じ推奨意向であっても、甘く評価する人と厳しく評価する人では回答が異なります。まあまあ評価が高く、推奨したいと思っていても、控えめに7をつける中立者もいれば、10をつける推奨者もいます。性別、年齢、国民性の違いも影響を与えます。すぐに9、10をつける国の人もいる一方で、厳しく評価する日本人は9、10がつきにくく、NPSを導入しているグローバル企業の日本のマネージャーは苦労しているという話をよく聞きます。

② 自分は大いに気に入っているが他人には薦められないケースがあり、スコアに納得感を得られない

これは筆者がコンサルティングで最も悩む点です。アンケートのフリーコメントを考慮すると、自分は気に入っているが他人に薦めない理由は以下のようなものが考えられます。

• 気に入りすぎて他人には推奨したくない。他人と被りたくない。自分だけのものでいたい（ファッション関連など）

• 商品特性によっては他人には薦めない（オタク系商品など）

- 見栄に左右される（自分は立ち食いソバ専門だが推奨するなら高級蕎麦屋）
- 仲の良い友人は皆知っているので薦めない（有名ブランド品など）
- 人それぞれなので薦めることはしない主義
- 友人や家族が少なくて推奨したくてもする人がいない

③ スコアが非常に低く、従業員の士気が上がりにくい

　NPSは、9、10が推奨者で6以下が批判者という厳しい評価基準です。そのため、マイナススコアが大きくなることが頻繁にあります。例えば、法人向けのアンケート調査では、個人の感情が入りにくいため、高評価でも8が多くなります。また、調査会社のネット調査会員に対する市場調査のアンケートは、企業が組織化した会員への調査に比べてスコアが低くなります。こうしたケースでは、NPSが極端に低いマイナス値になることがあります。調査会社が行ったNPSの市場調査データが軒並みマイナス値で、最も高いスコアでもマイナスの結果になるのはこうした理由からです。

　調査会社による市場調査結果は仕方がないとしても、企業が実施した調査のNPSが大部分マイナスであると、従業員の士気が下がることがあります。筆者のコンサルティング現場でも、「この顧客セグメントのNPSはマイナス20ですが、他のセグメントよりかなり高くて良いですね」と言っている自分もつらく、聞いているクライアントの担当者もつらく、お互いの士気が上がりません。

④ 収益シミュレーションの不確実性が高い

　ロイヤルティは顧客満足と収益を結ぶ重要な要素です。したがって、ロイヤルティ指標から納得性の高い収益を評価できるシミュレーションが必要です。ロイヤルティはお客様の今後の行動に対す

る気持ちを表し、収益の先行指標とも位置づけられます。マクロ的な観点では、NPS が向上した企業は収益が向上していることが多くの事例で確認されていますが、日本では個別のプロジェクトでのシミュレーションが重要視されます。NPS が増えることにより、将来どれくらい収益が向上するのかをシミュレーションできれば、ロイヤルティを高める努力の納得性が増します。

　NPS は推奨度合いを測る指標のため、収益をシミュレーションするには、NPS が高まると、どれくらい推奨される人が増え、その中からどれくらいの人が自社の商品を購入してくれ、収益に貢献するのかを算出する必要があります。これは新規顧客獲得のシミュレーションです。しかし、実際には NPS の向上によってどれだけ新規顧客を獲得できるか、その顧客単価はいくらかを想定することには不確実性が高く、金額換算した結果の信憑性は低いことがあります。

⑤ トランザクション調査でお客様に推奨度合いを聞くことに
　違和感を覚える

　NPS 調査は、1 年単位で企業や商品全体を評価するリレーション調査と、各顧客接点の都度の体験を評価するトランザクション調査の 2 つのタイプが存在します。トランザクション調査の場合は、例えばコールセンターに電話した直後や店舗で購入した直後にアンケートを実施します。これらの一度の体験をもとに企業や商品の推奨度合いを聞くことになります。この場合、コールセンターのオペレータの一度の対応や店舗での一度の接客結果から、企業や商品の推奨度を尋ねることに違和感を覚えることがあります。

■ NPS の問題点に対処する新指標 NRS（Net Repeater Score）

これまでロイヤルティマネジメントのコンサルティングを数多く手

がけ、NPSを用いた分析を行ってきた筆者は、前述のようにNPSの問題点に直面することがありました。これらの経験をもとに、NPSの代替となる新しい指標を提案しています。NPSはデファクトスタンダードであるためのメリットも多く、真っ向から否定しているわけではありません。クライアントの状況に応じて、NPSだけでは不十分なケースで新しい指標を推奨しています。

その新しい指標は、継続利用意向をロイヤルティの主要指標として採用しています。さらに、その継続利用意向を、1年後の継続利用意向という適切な先行指標として測定します。また、NPSと同様に、非常に高い継続利用意向を持つ顧客（リピーター）の割合から離反リスクのある顧客の割合を引いた数値を、NRS（Net Repeater Score）として定義しています（**図表2-6**）。

NRSを使用することで、先述のNPSの問題点が解決します。それぞれの問題点がどのように解決するかを以下で説明します。

① スコアとしての正確性が向上する

NPSでは11段階でお客様に評価していただくため、個々の評価の重みづけに差が生じます。NRSでは1年後の継続利用意向を、意味のある文章で5段階の選択肢を用意することで、正確性が向上します。

② 例外ケースが減少し、スコアの納得性が向上する

NPSでは、自分自身が大変気に入っているのに、推奨度では批判者になるケースが存在します。NRSでは、「1年後の継続利用意向」という自分の行動意向を評価するため、例外ケースがなくなり、スコアの納得感が向上します。

図表 2-6　NRS(Net Repeater Score) とは

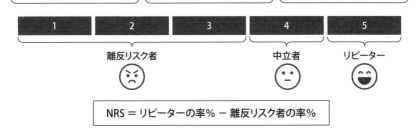

「正味お客様継続率」(Net Repeater Score)

小売りでの例	SaaSベンダーでの例	自動車保険での例
<設問> あなたが1年後にXX店舗(オンラインストア含む)を利用している可能性をお聞かせください。今の気持ちに一番近いものを選択してください。	<設問> 1年後のXXXの活用度合いに関して、あなたの今の気持ちに一番近いものを選択してください。	<設問> あなたが次回の契約更新時期に当社の自動車保険サービスを継続している可能性をお聞かせください。今の気持ちに一番近いものを選択してください。
<選択肢> 5.必ず利用している 4.おそらく利用している 3.その時になってみないと分からない 2.おそらく利用していない 1.絶対利用していない	<選択肢> 5.積極的に活用していきたい 4.今と同じ程度に活用していきたい 3.その時になってみないと分からない 2.できれば利用したくない 1.絶対利用したくない	<選択肢> 5.必ず継続している 4.おそらく継続している 3.その時になってみないと分からない 2.おそらく継続していない 1.絶対継続していない

| 1 | 2 | 3 | 4 | 5 |

離反リスク者　　　　　　　　　　中立者　　リピーター

NRS ＝ リピーターの率% － 離反リスク者の率%

③ NPS に比べてスコアは高めになるため、関係者の士気を向上させる目標値となる

　NRSは顧客セグメントごとのスコア傾向においてNPSと大きな違いはありませんが、全体的にはより良いスコアが得られます。筆者の経験から言えば、NPSでマイナスのスコアであっても、NRSでは改善に努力することでプラスのスコアになり、社員の士気が向上しました。

④ 既存顧客に対する収益シミュレーションの信憑性が向上する

　NRSでは１年後の継続利用の意向を聞いているため、回答者の１

年間の購買単価をベースに1年後の収益シミュレーションが正確にでき、納得性が増します。また、筆者の経験から、推奨の意向より継続利用の意向のほうが、ロイヤルティと1年間の購入金額の相関関係が高くなります。5段階の回答を金額換算しレポートします（**図表2-7**）。3（その時になってみないと分からない）以下をまとめた金額を「悪い売上」とし、さらに具体的名称として「離反リスク金額」と名づけて考察します。これは、年商の中で来年消失する可能性が高い金額の割合を示しています。経営者にとって、「離反リスク金額」の説明が最もインパクトを与えます。なぜなら、継続利用意向を基に計算しているため、説得力が増すからです。

⑤ **中期および短期のロイヤルティ指標として利用できるためKPI（Key Performance Indicator）として一貫性が保たれる**

NPSではリレーション調査やトランザクション調査で推奨度を尋ねるため、場合によっては違和感が生じました。継続利用意向には、「いつの時期の」という時点を明示できるのが利点です。そのため、1年後の継続利用意向をリレーション調査に、次回の継続利用意向をトランザクション調査に取り入れることで、ロイヤルティマネジメントの一貫性が維持されます。

図表2-7　良い売上、不確実な売上、悪い売上

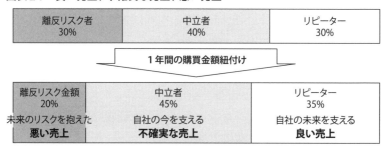

■ NPSとNRSの適用ガイドライン

NPSとNRSはどちらも、お客様からのアンケートを集計して算出する数値です。したがって、購買履歴やWebの行動履歴といったデジタルで正確に把握できる数値ではありません。お客様の感情を定量化しているため、100%の正確性は保証できないことを前提に、最終的には、KGIとして追求するスコアとして納得感が高いほうを選択することが重要です。以下にその適用指針を説明します。

① **どちらか一方が明らかに不適切であると判断できる事業**

リピートがほとんどない商品やサービスを扱っている事業では、NPSを採用します。家屋・マンション販売や、結婚式場、一生ものの高級家具などがこれにあたります。

② **どちらも適用可能な事業の場合、両方の設問を用意し、デファクトスタンダードのNPSをメインに、NRSはサブ指標として活用する**

筆者のコンサルティング現場では、NPSとNRSの両方を取得し、使い分けています。メインスコアとしてNPSを採用し、収益効果を考察する場合はNRSをベースにした評価をする、といった使い分けです。

③ **NPSでは大きな違和感を覚える際はNRSのメイン採用を検討し、納得感の高いほうを採用する**

- NPSとNRSの差が大きすぎて違和感がある場合。
- 推奨者の中に継続利用意向が低い回答者が多く存在し、このグループを高ロイヤルティの集団に入れて分析することに大きな違和感がある場合。
- 批判者の中に継続利用意向が高い回答者が多く存在し、このグループを低ロイヤルティの集団に入れて分析することに大きな違

和感がある場合。

　以上のような違和感を覚えた場合は、アンケート結果から、推奨意向と継続利用意向の数値をクロス集計して判断します。SaaS事業者の事例を通して解説します（**図表2-8**）。

　まず、NPSとNRSの差が25.9とかなり大きな差があります。一般傾向としてはNRSのほうが高くなる傾向ではありますが、その差が大きすぎます。次に注目するのは、継続利用意向（NRS）でリピーターのお客様の推奨意向（NPS）での内訳です。NRSでは高いスコアにもかかわらず、NPSでは中立者42.4%、批判者は21.2%存在します。リピーターであるにもかかわらず中立者以下は63.6%以上います。NPSをメ

図表2-8　NPS or NRSを判断するクロス集計（SaaS事業者での例）

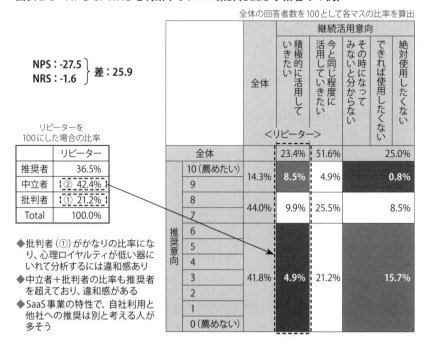

全体の回答者数を100として各マスの比率を算出

NPS：-27.5 ┐
　　　　　　┣差：25.9
NRS：-1.6 ┘

リピーターを
100にした場合の比率

	リピーター
推奨者	36.5%
中立者	② 42.4%
批判者	① 21.2%
Total	100.0%

◆批判者（①）がかなりの比率になり、心理ロイヤルティが低い器にいれて分析するには違和感あり
◆中立者＋批判者の比率も推奨者を超えており、違和感がある
◆SaaS事業の特性で、自社利用と他社への推奨は別と考える人が多そう

		全体	継続活用意向			
			積極的に活用していきたい	今と同じ程度に活用していきたい	その時になってみないと分からない	できれば使用したくない／絶対使用したくない
	全体		23.4%	51.6%		25.0%
推奨意向	10（薦めたい）	14.3%	8.5%	4.9%		0.8%
	9					
	8	44.0%	9.9%	25.5%		8.5%
	7					
	6	41.8%	4.9%	21.2%		15.7%
	5					
	4					
	3					
	2					
	1					
	0（薦めない）					

＜リピーター＞

インスコアにした場合、この63.6%はロイヤルティは高くない、特に21.2%はロイヤルティが低い器に振り分けられて分析をすることになります。

本方法論では、ロイヤルティが低いのはロイヤルティドライバーの満足度が低いから、またはネガティブな体験が多いためと想定し、その原因を調査し、考察を進めるアプローチです。リピート意向が高いものの、21.2%の批判者は本当に満足度が低いのか、ネガティブな体験が多い以外の理由で推奨意向が低いのではないかと考えられ、違和感が生じます。

SaaS事業者やBtoB事業では、お気に入りのサービスをリピートしたいと思っていても、他社に推薦するかどうかは、他社の方針に依存するため判断が難しい、と感じるお客様が多いと考えられます。このような事例の場合は、議論して納得したうえでNRSをメインスコアに採用するケースが多くあります。

これらの試行錯誤を繰り返すことで、NPSやNRSの特徴を生かした使い方が明らかになりました。

NPSのメリットは、既に述べたとおり、心理的なロイヤルティが非常に高いお客様を特定できる点です。一方、デメリットとしては、業種や事業によって、心理的なロイヤルティは高いものの、推奨しないお客様が多くなる可能性があります。したがって、NPSで特定し非常に高いロイヤルティのお客様に注目して、そのお客様はどんな属性なのか、自社の何に興味を持ち満足が高いかを分析し、自社の強みを横展開する施策を出していくには向いているスコアと言えます。

一方、NRSはNPSほど非常に高いロイヤルティのお客様を絞り込んで特定はできませんが、継続利用意向という自分の行動内で完結する気持ちの評価なので、ドライバーや顧客体験の満足・不満足とロイヤルティスコアとの整合性、相関性がNPSより高いと想定されます。したがって、ロイヤルティが低い原因も探りながら全方位で改善策を出していくには向いているスコアと言えます。簡単に言えば、

NPSは、強みを伸ばす積極的な企業に適しており、NRSは、弱みにも着目しながら改善策を着実に進める企業に向いています。

「NPSは日本企業には向いていない」という意見もよく耳にしますが、上記の理由が影響していると考えられます。

いずれにしても、定量化し分析するにあたってはメインスコアを決定する必要があります。今後、KGIとして経年評価するスコアですので、さまざまな視点から納得感の高いスコアを決定することが重要です。

▰ 2-2-2　ドライバー満足度、琴線感度、体験率

ロイヤルティドライバーに関するスコアは、ドライバー満足度、ドライバー琴線感度、ドライバー体験率の3つです。

■ ドライバー満足度

アンケート設計では、各ドライバーの満足度を測るための設問を用意します。例えば、アパレル小売りで、「試着」ドライバーを定義した場合の設問と回答選択肢は、以下です。

＜設問＞
試着時の環境やスタッフ対応について、全体的な満足度を教えてくだ

さい。

＜回答選択肢＞

5. 大変満足

4. 満足

3. 普通

2. 不満

1. 大変不満

　回答を集計して、全回答者数に対して5か4を回答したお客様の数の比率を算出します。この5と4のことをTop2Boxと呼びます。上位2項目という意味です。ドライバー満足度が80%とは、Top2Box、すなわち大変満足あるいは満足したお客様が全体の80%いるという解釈です。

　アンケート結果から満足度をスコア化する場合、上記のTop2Box比率をスコア化するやり方の他に、回答合計値の平均値を出す方法があります。1～5の選択した数値を合計して回答者数で割って算出します。満足度が3.5とは全体の平均値のスコアが3.5という意味です。

　本方法論では、ドライバー満足度の算出にTop2Box率を採用しています。アンケートはお客様の気持ちを測るものであり、100%の正確性を保証できません。対象のドライバーを正確に評価できないお客様もいれば、アンケートには答えるが真剣に考えていないお客様もいるはずです。わからない、回答が面倒だといったお客様は、3. 普通を回答するケースが多いと想定します。満足や不満足は意思を持ってチェックするお客様は多くいると想定しますが、普通にチェックするお客様の中には正しく評価をしていない数が多く含まれていると想定

します。

したがって、それらの回答は排除した分析が好ましいのです。平均法によるスコア化はその数値も入った平均となりますが、Top2Box比率法では普通の選択肢を排除したスコア化になっています。100%の正確性が担保されない中での、少しでも正確性を上げて正しい評価にするための工夫です。

また、Top2Box比率と同じ考え方で、不満足度を測る手法としてBottom2Box（つまり、不満と大変不満を回答したお客様の比率）を出す場合もあります。しかしながら、満足度調査の場合、Top2Boxに比べてBottom2Boxを回答するお客様の数は少ない傾向があり、集計値の母数としては少なすぎる場合が多くなり、筆者もBottom2Box率での評価はしないケースがほとんどです。

■ ドライバー琴線感度

ドライバー琴線感度とは、ドライバーの満足が心理ロイヤルティに与える影響度合いを数値化したものです（2-1 法則２、P45参照）。このスコアは、前述のドライバーの満足度に関するアンケート結果から集計し、算出します。

ある時、NPS関連のセミナーで、ロイヤルティドライバーの心理ロイヤルティへの影響度合いをスコア化するためのアンケート事例の話を聞きました。影響度のスコアを求めるために、以下のような質問と選択肢が用意されていました。

Q１：本日の対応者を親しい友人や知人に薦める度合いを教えてくだ

さい。（0 〜 10点）

Ｑ２：Ｑ１の点数を決定する際、以下の各項目が「加点に影響したか」
「減点に影響したか」「どちらでもないか」を教えてください。

　　① 　笑顔による出迎え

　　② 　元気で気持ちのよい挨拶

　　③ 　清潔感のある身だしなみによる第一印象

　　④ 　質問に対する正確な受け応え

　　⑤ 　親身になって対応する姿勢

　　⑥ 　……

　Ｑ１はNPSによる心理ロイヤルティスコアを求めるための質問です。問題はＱ２です。各項目は、本書で述べられている方法論にあてはめると、ロイヤルティドライバーや顧客体験の内容がリストアップされています。つまり、各ドライバーや顧客体験が心理ロイヤルティに与える影響度合いを、お客様にアンケートで聞いています。

　この手法には無理があります。例えば、項目③では「清潔感のある身だしなみによる第一印象」が0 〜 10の推奨度合いの判断にどれくらい影響を与えたか教えてください、と問いかけているのです。この設問を投げかけられたお客様は相当に悩むと思われますし、正しく評価ができるでしょうか。たとえ回答していただいたとしても、この集計数値を基に分析をしていいのでしょうか。前述したとおり、アンケートは100％の正確性が保証できないという前提のもと、少しでも正確性を増すための工夫をすることが重要です。このケースは、お客様の回答しやすさを無視して、集めたいスコアを正確性も無視して直接とりにいく愚策にしか思えません。

本方法論ではドライバーの心理ロイヤルティへの影響度合いを直接設問にすることはしません。心理ロイヤルティスコアとドライバー満足度調査結果から計算で出します。

　ドライバーの満足度調査でTop2Box、すなわち大変満足か満足にチェックしたお客様を母集団にしたロイヤルティスコア（NPS or NRS）を算出したものがドライバー琴線感度、すなわち心理ロイヤルティへの影響度合いのスコアです。

　なぜこのスコアが心理的なロイヤルティへの影響度合いと解釈できるのか、まだ納得できない方のために、詳しく説明します。

　まず、ドライバー琴線感度といっても、中身は母数を変えたロイヤルティスコアです。ここでは説明しやすいようにNPSとします。まず、ドライバー琴線感度から少し離れて、顧客セグメントの例で説明します。全顧客のNPSが10.0で、20代が20.0、50代が5.0とした場合、以下の解釈ができます。

20代は全体のNPSより高い、すなわち20代は全顧客のNPSに対して高い影響度合いがある、20代のお客様を増やせば全顧客のNPSは上がるはずだ。

　この20代を、例えば「試着場面で高い満足を得られたお客様」に置き換えればわかりやすくなります。

　全顧客のNPSが10.0で、試着ドライバーで高い満足（Top2Box）に達したお客様の集団のNPSが20.0の場合、

図表2-9　ドライバー満足度、琴線感度

アンケート例	定量化方法

＜設問＞
試着時における環境やスタッフの対応に関しての、全体の満足度をお聞かせください。

＜選択肢＞
① 大変満足
② 満足
③ 普通
④ 不満
⑤ 大変不満

＜「試着」ドライバー満足度＞
①or②を選択した人（Top2Box）の比率

＜「試着」ドライバー琴線感度＞
①or②を選択した人（Top2Box）を母集団にしたロイヤルティスコア（心理ロイヤルティへの影響度合い）

＜5段階満足度調査＞

大変満足	満足	普通	不満	大変不満

Top2Boxを選択したお客様　→　ロイヤルティスコア算出

ドライバー満足度　　　　ドライバー琴線感度
（心理ロイヤルティへの影響度合い）

試着で高い満足に達したお客様は全体のNPSより高い、すなわち、試着で高い満足に達したお客様は全顧客のNPSに対して高い影響度合いがある、試着で満足度の高い人を増やせば（＝満足度を高めることで）全顧客のNPSは上がるはずだ

と、解釈できます。したがって、試着の満足度でTop2Boxにチェックしたお客様を母数にしたNPSは、試着ドライバーが全体NPSに与える影響度合いをスコア化したものと解釈しました。

　それから、実態はロイヤルティスコアにもかかわらず「琴線感度」と命名した理由は、心理ロイヤルティへの影響度が高いことは、このドライバーが心に響いていると考えられるためです。つまり、琴線に触れているドライバーであると解釈し、「琴線感度」と命名しました。これについては、第5章の「5-1-2　左脳で分析し右脳で解釈する」（P183参照）で詳しく解説します。

アンケート設問、ドライバー満足度、ドライバー琴線感度の関係を
図表2-9にまとめました。

■ ドライバー体験率

　ロイヤルティドライバーには、すべてのお客様が体験しているドラ
イバーもあれば、一部のお客様しか体験しないドライバーもありま
す。したがって、どれくらい多くのお客様が体験したかも重要な評価
指標となります。アンケートに答えたお客様数に対して、該当ドライ
バーを体験したお客様数の比率で算出します。

　また、ドライバーによっては体験の有無に加えて、どれくらいの利
用頻度かを調べることもあります。例えば、小売業で「ギフト購買体
験」をロイヤルティドライバーと定義した場合、次の設問と選択肢を
用意します。

＜設問＞
ギフト商品（プレゼント）を購入する際のXX（ブランドや店舗）の利
用頻度に関して、1つだけチェックしてください。
＜選択肢＞
□ 必ずXXを利用している
□ 頻繁にXXを利用している
□ 時々XXを利用している
□ まれにしかXXを利用していない
□ まったくXXは利用していない

　体験率は、「時々XXを利用している」以上を選択したお客様の比率
で計算するとともに、利用頻度ごとの比率を比べたり、利用頻度ごと

の心理ロイヤルティスコアを比較することで、新たな考察が生まれることもあります。ちなみに、ギフト購買体験は、ほとんどの小売業で心理ロイヤルティへ高い影響を及ぼす重要なロイヤルティドライバーになります。

実際、このドライバー体験率は、最初の書籍を出版した時にはそれほど重視していませんでした。当時はロイヤルティドライバーの定義時に、体験率100%のドライバーが多かったのですが、最近では異なる体験率を持つドライバーを多く定義しています。すると、ドライバー満足度と琴線感度に加えて、ドライバー体験率も考察を出すうえでの重要な要素となります。体験率が異なるドライバーが多く定義されるようになった背景については、第3章の実践編で詳しく説明します。

ここまで、ロイヤルティドライバーに関する定量化指標として、ドライバー満足度、ドライバー琴線感度、ドライバー体験率の算出方法を説明しました。この3つのスコアを利用した最も重要な分析結果は、ドライバーマッピング分析です（**図表2-10**）。

横軸にドライバー満足度、縦軸にドライバー琴線感度をとり、各ドライバーの散布図を作成し、さらにドライバー体験率を散布図上の円の大きさで表現します。ドライバーマッピング分析により、各ドライバーの強みや優先すべきドライバーの特定、さらにドライバーごとに3つのスコアのうちどれを優先して追求するかなどの検討が可能になります。事例を交えた詳細については、第4章の分析編で解説します。

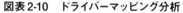

図表2-10　ドライバーマッピング分析

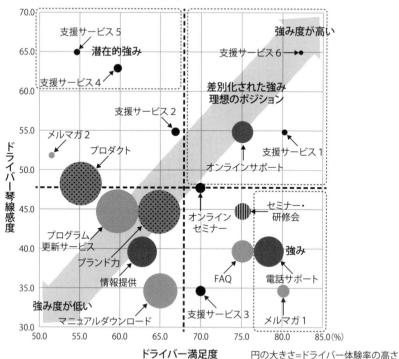

円の大きさ=ドライバー体験率の高さ

<施策の方向性>　施策A：ドライバー満足度を上げて右にシフトする
　　　　　　　　　施策B：ドライバー琴線感度を上げて上にシフトする
　　　　　　　　　施策C：円を大きくして強みの影響力を増す

▰ 2-2-3　体験頻度、体験琴線感度

　次に、心理ロイヤルティの構造化の一番下の3階層目として、顧客体験に関するスコアです。これには、体験頻度と体験琴線感度の2つが含まれます。

■ 体験頻度

　心理ロイヤルティの構造化の法則4では、ドライバーの満足度には複数のポジティブ体験とネガティブ体験が影響を及ぼす、と説明して

いいます（2-1、P47参照）。その影響の度合いを示すスコアが体験頻度です。アンケート回答者に対して、該当の体験を経験したお客様の数の比率を算出します。例えば、アパレル小売りの「試着」ドライバーでは、「他商品や小物とのコーディネート提案があって良かった」がポジティブ体験例であり、「試着中に放置されて対応してもらえず不愉快だった」がネガティブ体験例です。ドライバーごとに複数のポジティブ体験とネガティブ体験を洗い出し、その体験頻度を求めることで、ドライバー満足度への影響度合いを定量化します。ポジティブ体験には体験頻度を上げる施策、ネガティブ体験には体験頻度を下げる施策を実施することが基本的な考え方ですが、特に体験頻度が非常に高いネガティブ体験に対しては、早急に体験頻度を下げる対策が必要です。これらの施策によって、ドライバー満足度が向上します。

■ 体験リストからチェック式のアンケート

　本方法論では、顧客体験の実態を明らかにするために、多くの顧客体験を洗い出し、体験頻度をスコア化します。そのため、アンケートでは、あらかじめ洗い出した体験をリスト化し、マルチアンサータイプのチェック方式で選択していただきます。市場にあふれる多くのアンケートの中で、細かい顧客体験を5段階方式の満足度調査で実態を測定しようとするものが多く見られますが、以下のようなアンケートは効果的ではありません。

● 店員の挨拶の笑顔を5段階で評価してください
● 店員の挨拶の声の大きさを5段階で評価してください
● 店員のお声がけのタイミングを5段階で評価してください
● 店員のフレンドリーさを5段階で評価してください

調査目的で来店しているミステリーショッパーと違って、お客様は店員の評価目的で来店しているわけではありません。そのため、多くの細かい5段階評価項目の設問があっても、正確に評価することは難しいです。以下の設問が妥当です。

●店員の全体の印象（身なりや挨拶）について5段階で満足度をお聞かせください
●接客全体について5段階で満足度をお聞かせください

　そして、細かい顧客体験を聞く場合は、以下のように体験としてリスト化し、一度でも体験があった項目にチェックをしていただく方式が効果的です。

□ 店員の笑顔がなくて不愉快になったことがある
□ 店員の大きな声での挨拶が気持ちいいと思ったことがある
□ 店員のお声がけのタイミングが悪くて残念だったことがある
□ 店員のフレンドリーな話し方が良いと思ったことがある

　このようなアンケート設計の工夫により、お客様の負担を軽減し、実態を把握することができるアンケートになります。アンケート設計の詳細は、第3章の実践編で解説します。

■ 体験琴線感度

　体験琴線感度は、顧客体験が心理ロイヤルティに与える影響度合いをスコア化したものです。算出方法は、チェック方式で体験リストを評価したお客様を母集団とし、ロイヤルティスコアを計算します。例えば、「試着」ドライバーで「他商品や小物とのコーディネート提案が

図表2-11　体験頻度、体験琴線感度

```
┌─────────────────────────────────────────┐
│               アンケート例                │
│ ＜設問＞                                  │
│ 試着の場面で良いと思ったことすべてにチェックをして │
│ ください。                                │
│                                           │
│ ＜チェックリスト＞                        │
│ ① XXXXXXXXX                               │
│ ② 他商品や小物とのコーディネート提案があって良かった │
│ ③ XXXXXXXXX                               │
│ ④ XXXXXXXXX                               │
│ ⑤ XXXXXXXXX                               │
└─────────────────────────────────────────┘
```

```
┌─────────────────────────────┐
│          定量化方法          │
│ ＜②の体験頻度＞             │
│ ②のチェック率               │
│                              │
│ ＜②の体験琴線感度＞         │
│ ②にチェックした集団のロイヤ │
│ ルティスコア                 │
└─────────────────────────────┘
```

あって良かった」というポジティブ体験にチェックしたお客様が100人いた場合、その100人のロイヤルティスコア（NPSまたはNRS）を計算すると、「他商品や小物とのコーディネート提案があって良かった」というポジティブ体験の体験琴線感度が得られます。

　ドライバー琴線感度と同様に、体験琴線感度も実態は母集団を変えたロイヤルティスコアです。ポジティブ体験の場合は、体験者のロイヤルティスコアが高いほど、その体験が心に響いている度合いが高いと解釈し、ネガティブ体験の場合は、体験者のロイヤルティスコアが低いほど、その落胆度合いが高いと解釈します。このため、「心に響いている度合い」という意味で「体験琴線感度」と名づけました。また、体験琴線感度が著しく高いポジティブ体験は「感動体験」、体験琴線感度が著しく低いネガティブ体験は「落胆体験」と解釈できます。アンケート設問、体験頻度と体験琴線感度の関係を、**図表2-11**にまとめました。

　体験頻度と体験琴線感度を一覧化したレポート（**図表2-12**）は、どの顧客体験に焦点を当てて施策を実施すべきかを検討する際に役立ちま

図表 2-12　顧客体験分析レポート

落胆体験No.1

ランク	ネガティブ体験	体験頻度	琴線体験感度
1	問い合わせたが混み合っていた（つながらなかった）ことがある	16.6%	12.5
2	問い合わせ先が分かりづらいと感じる	10.1%	25.0
3	休日/夜間の体制が不十分だと感じる	9.0%	27.6
4	自社の質問や要望の意図を汲んでもらえないと感じたことがある	7.9%	8.6
5	回答を得られるまでに時間がかかりすぎると感じたことがある（保留の回数や折り返し対応など）	7.6%	19.2
6	担当者の知識が不足していると感じたことがある	6.1%	11.9
7	専門用語が多くて説明が分かりづらいと感じたことがある	2.8%	-7.4
8	担当者が自信のない話し方をしていて不安を抱いたことがある	2.3%	-5.2

対象ドライバー：カスタマーセンター

感動体験No.1

ランク	ポジティブ体験	体験頻度	琴線体験感度
1	電話がすぐにつながって良いと思ったことがある	62.2%	45.2
2	対応者の説明の仕方が丁寧で良いと思ったことがある	42.8%	42.1
3	担当者の知識があって良いと思ったことがある	40.0%	48.1
4	対応者の応対が明るくて好感が持てたことがある	25.3%	42.3
5	担当者の話し方に安心感を感じたことがある	32.3%	55.0
6	返事のレスポンスが早いと思ったことがある	20.2%	40.2
7	補足の案内や提案をしてもらい協力的だと思ったことがある	18.2%	52.1
8	自分の状況を理解してくれようとする姿勢が良いと思ったことがある	15.8%	68.9
10	質問以外の情報やサポート対象外の情報も提供してもらい助かったことがある	9.2%	60.2

す。このレポート単体でもさまざまな検討が可能ですが、他のレポートとストーリーラインを組み合わせた分析を加えることで、より深い洞察が得られます。詳細については、第4章の分析編で解説します。

第3章
実践編

第2章では、心理ロイヤルティの構造化と定量化のロジックを解説しました。本章では、ロジックを使った具体的な作業の進め方に関して、事例を交えながら解説します。ロジックを理解し、実際に活用しようと試みているものの、うまくロイヤルティドライバーを定義できなかったり、アンケートを設計できなかったりする悩みを抱えている方に特に読んでいただきたい章です。

3-1 ロイヤルティドライバーの定義

ロイヤルティドライバーの定義は、心理ロイヤルティの構造化作業の中で最初に取り組む重要なタスクです。心理ロイヤルティを支える要因であるロイヤルティドライバーをどの視点で網羅的に洗い出すか、粒度をどのレベルに設定するか、戦略的に重要なドライバーがどれかなどを考慮しながら定義します。

■ プロセスViewで定義する

ロイヤルティドライバーは基本価値ドライバーと体験価値ドライバーがあることは2-1（P42参照）で解説しました。その中でも体験価値をMECE（Mutually Exclusive and Collectively Exhaustive：モレなく、ダブりなく）に定義することが重要です。そのためのアプローチは、お客様の行動やそれに対応する企業側のサービスをプロセスView（プロセス視点）で定義することです。

図表3-1はアパレル小売りでの体験価値ドライバーをプロセスViewで定義した例です。お客様の視点で、購入前から購入後までのカスタマージャーニープロセスを分解し、MECEに定義しています。

図表3-1　アパレル小売りでの体験価値ドライバー定義

図表3-2　SaaS事業での体験価値ドライバー定義

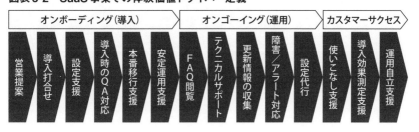

　図表3-2はSaaS事業での体験価値ドライバーをプロセスViewで定義した例です。SaaS事業における、オンボーディング（導入）から導入後のカスタマーサクセスまでのプロセスを分解し、MECEに定義しています。

　プロセスViewで定義する際の重要なポイントは、各ドライバーの粒度をできるだけ統一することです。各ドライバーの満足の集積が1つの心理ロイヤルティを形成しますので（2-1 法則1、P42参照）、その満足の粒度がドライバー間で極端に違うことを避けるためです。例えば、図表3-1でオンライン購買体験の「商品閲覧・選択」ドライバーをさらに細分化すると、トップメニュー、検索機能、コーディネート事例コンテンツ、在庫確認などが考慮されます。そうなると、他のドライバーとの粒度のバランスが悪くなりますので、満足度の比較がしっくりこなくなります。

また、お客様にとって評価しやすい粒度という視点も重要です。企業側に立つと、細分化して満足度が測れれば施策への考察もより具体的になってきますが、お客様が評価できる単位にすることも大切です。例えば、図表3-1でリアル店舗購買体験の「入店・店内回遊」ドライバーをもっと詳細の満足度を測るため、ディスプレイの配置、棚の見やすさ、通路の幅、照明の明るさ、歩きやすさなどに分解して、5段階で満足度を聞いたとしても、ミステリーショッパーの役割で入店した人以外は正確に評価できないと思われます。ちなみに、これらの詳細な評価を確認したい場合は、5段階で満足度を尋ねるのではなく、ネガ・ポジ体験リストから体験した項目にチェックを入れていただく手法が有効です。そのやり方については、3-3（P93参照）で解説します。

■ タッチポイント View で定義する

　プロセス View によるドライバー定義は、粒度が粗くなりがちですが、MECE で捉えることができるため、有効な方法です。筆者も2年ほど前までは本手法で定義をしていました。しかし、プロジェクトを重ねる中で、以下の問題意識が生じました。

- ドライバーが粗くなりがちで、改善施策の具体性が欠け、改善に対する責任所在が明確でなくなる。
- 現実の施策は、プロセス単位で実施されるより、プロセス横断のタッチポイントベースで実施されることが多いため、施策視点で考えるとプロセスごとの満足度を測る意味が薄れる。

　これらの問題を解消するために、ある SaaS 事業者のプロジェクトでロイヤルティドライバーの定義方法を変更しました。プロセス

図表3-3　SaaS事業でのタッチポイントViewでのドライバー定義

ロイヤルティドライバー	組織	プロセス		
		オンボーディング	オンゴーイング	カスタマーサクセス
Zoom相談会	A	○	○	
セミナー	A	○	○	
FAQ	B	○	○	
相談会イベント	A	○	○	
電話サポート	B	○	○	○
メールサポート	B	○	○	○
チャットサポート	B	○	○	○
開発者コミュニティ	C		○	○
ユーザーコミュニティ	C		○	○
利活用コンサルサービス	C		○	○

Viewでの定義ではなく、プロセスを横断した施策ベースでのドライバー定義を行いました（**図表3-3**）。これにより、対策を打つべき組織と施策が明確になりました。図表3-2と比較するとわかるように、このドライバー定義は、お客様のプロセスViewよりも、SaaS事業者から見たサポートサービス内容の意味合いが強くなります。しかし、分析結果に対する考察が具体的になりました。

　また、タッチポイントViewでのドライバー定義をすることで、心理ロイヤルティの定量化スコアの中の体験率の重要性を発見しました。プロセスViewだけの定義では、すべてのお客様を対象としたドライバーと位置づけられていたものが、タッチポイントViewで定義することで、ドライバーによる体験率の違いが浮き彫りになり、分析・考察するうえでの重要なスコアになりました。

　このような試行錯誤を繰り返し、現在ではプロセスViewとタッチ

ポイントViewの組み合わせによるドライバー定義が最善であると考えています。以下では、ケーススタディとしてドライバー定義の事例を紹介します。

ケーススタディ　SaaS事業者でのドライバー定義

　SaaS事業者は、クライアントへのサービスをタッチポイントの種別に応じて、ハイタッチ、ロータッチ、テックタッチの3種類に分け、お客様のプロファイルや支援内容に合わせて最適なタッチポイントを使い分けて運用しています。この考えにコミュニティタッチを加えて、4種類のタッチポイントViewでドライバー定義をしました（**図表3-4**）。

　同じタッチポイントサービスであっても、オンボーディングとオンゴーイング／カスタマーサクセスの複数のプロセスに登場する理由は、アンケートを実施するタイミングが異なるためです。オンボーディングでは運用開始後に個別にアンケートを収集する一方で、オンゴーイングフェーズに入ったお客様に対しては、年1回、同時期に一斉に既存のお客様へアンケートを実施する運用を行っています。

図表3-4　SaaS事業でのドライバー定義例

プロセス View の視点では、オンボーディング、オンゴーイング テクニカルサポート、カスタマーサクセスの流れで定義していますが、実際のドライバーはタッチポイント View で定義されています。お客様にとっては、例えば同じオンラインミーティング（MTG）でも、オンゴーイングとカスタマーサクセスでは目標とするゴールが異なります。したがって、厳密には別のドライバー定義が適切です。ただし、お客様が評価する際にその違いが明確に理解できるか、さらに社内の組織編成も考慮しつつ、定義を行っていく必要があります。

ケーススタディ 百貨店でのドライバー定義

百貨店のドライバー定義も、かつてはプロセス View を基に特別な体験カテゴリのドライバー定義を行い、数年間運用していました（**図表3-5**）。入館から退館までのプロセスベースのドライバーにおける満足度や琴線感度を、毎年1回の調査で経年比較することは有意義でした。

一方、この百貨店では毎日の購買体験調査も盛んに実施されており、購買されたお客様に都度アンケートを配り、接客の満足度を調査する活動をしています。このような状況を踏まえ、年1回の調査では

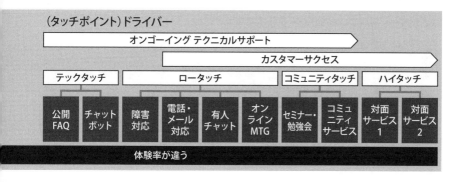

プロセスViewの視点を軽くし、タッチポイントViewの比率を増やしてロイヤルティ向上のための全社的戦略立案に活用できるよう、ドライバー定義を見直しました（**図表3-6**）。

　基本価値ドライバーはブランドラインアップに限定し、会員カードを体験価値の視点でドライバーに加えました。また、売場での購買プロセスViewのドライバーを大幅に集約しました。さらに、以前の基本価値におけるブランド力に相当するドライバーに代わり、体験価値としてお客様が当百貨店を通じて得られるハピネス体験の度合いを測るドライバーを定義しました。加えて、タッチポイントViewにおいて、異なる体験率の購買やサービス体験の比率を大幅に増やしました。

　特別な購買体験とは、買い物の中でロイヤルティに大きく影響を与えると想定される特別な買い物をドライバーとして定義し、評価するものです。言い換えれば、戦略的に力を入れる購買体験です。百貨店においては、ギフト購買や化粧品購買は分かりやすいです。実際の調査でも、ギフト購買や化粧品購買を頻繁にしているお客様は百貨店に対するロイヤルティが非常に高いこと、逆に、ギフト購買体験や化粧品購買体験でのネガティブ体験は落胆度合いが高く、百貨店に対する

図表3-5　百貨店でのドライバー定義例1

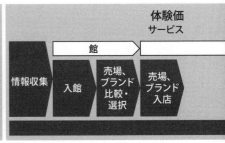

図表3-6　百貨店でのドライバー定義例2

ロイヤルティを大きく下げる要因になっていることが分かりました。

　同様の考え方で、ギフトや化粧品と同等に戦略的に最近リニューア
ルされた売場や、オムニチャネルに対応したEC購買体験などを特別
な購買体験としてドライバー定義し、体験率、満足度、琴線感度、ネ
ガ・ポジ体験を調査します。これにより、戦略的な取り組みが本当に
ロイヤルティに寄与しているのか、何が課題かを分析し、科学的なア
プローチが可能となります。

実践編

ケーススタディ　D2C事業者でのドライバー定義

　D2C事業者の本ロジックを使った解説は第5章で詳しく説明しま
すが、その特徴は、デジタルチャネルを通じたお客様とのコミュニケ

ーションが多いことと、世界観を共感させるためのコミュニケーションが重要になることです。そのため、エフォートレスな購買体験を実現する導線やコンテンツ施策が重要な一般の小売りや通販業と違って、D2Cでは、ネットで発信されるコンテンツ自体が、お客様の心に響くエモーショナルな共感体験を増やす施策になります。したがって、戦略的なコンテンツ単位でドライバーを定義し、分析する必要があります。コンテンツはタッチポイント Viewのドライバーとして定義されます。

　図表3-7がアパレル系D2C事業でのドライバー定義例です。プロセス Viewとして、ブランド認知、購買体験、着用体験、ブランド共感のカテゴリのドライバーがあり、タッチポイント Viewとして、特別な購買・サービス体験、特別なコンテンツ・ネットサービスのカテゴリのドライバーを定義しました。

図表3-7　アパレル系 D2C 事業でのドライバー定義例

基本価値ドライバー	体験価値(タッチポイント)ドライバー					
		購買体験	着用体験		特別な購買・サービス体験	特別なコンテンツ・ネットサービス
品揃え	ブランド認知	商品を調べる	サイズ感	ブランド共感	ギフト購買 / 特別な日向けの購買 / Cサービス / Aサービス / Bサービス / カスタマーサポート / 返品 / 交換	コンテンツA / コンテンツB / コンテンツC / コンテンツD / ネットサービスA / ネットサービスB / インスタグラム / インスタライブ / note
		購入・決済	カラーバリエーション			
			コーディネートしやすさ			
品質		配送・受取り	メンテナンスしやすさ			
	体験率100%				体験率が違う	

特別なサービスには、リアル店舗でのカウンセリングを中心とした対人系のサービスが3つドライバーとして定義されています。ネットを中心としたコミュニケーションが主でリアル拠点は限られていますが、ロイヤルティに非常に好影響を与えているドライバーとして分析できます。また、ネットの各コンテンツは、広くお客様の共感を得るには重要なドライバーとなります。各コンテンツのアクセス（体験）率を測定し、満足度やネガ・ポジ体験を明らかにすることで、どのコンテンツが心理ロイヤルティに影響を与えているかや、どのような施策を実施すればドライバーとしての強みが増すかなどの考察が可能になります。

ドライバーの定義は、心理ロイヤルティの構造化において最も重要であり、同時に悩ましい課題です。MECEな切り口や戦略的な分析の視点を取り入れ、試行錯誤を繰り返しながら定義をブラッシュアップしていくことが重要です。

3-2 顧客セグメントの定義

心理ロイヤルティの構造化における法則6で、「定量化された心理ロイヤルティ関連スコアは、顧客セグメントごとに異なる」と解説しました（2-1、P50参照）。本節では、顧客セグメントの定義方法について説明します。

■ 心理ロイヤルティに差が出ると予想される分類で定義する

顧客セグメントの定義は、通常のマーケティング施策でも必ず行われる作業です。ロイヤルティスコアやドライバー満足度などの各スコ

アが顧客セグメントによってどのように異なるかを分析し、ターゲティングや、重点的に改善すべき顧客セグメントやドライバーを明確にします。したがって、各セグメントのロイヤルティがそれなりの差が出るであろうと想定されるセグメントを定義することが大切です。例えば、自社の商品やサービスで年齢によってロイヤルティに大きな差が出る場合、適切な年齢幅でセグメントを設定します。以下に、代表的なセグメントカテゴリを示します。

地理学的属性（ジオグラフィック）

住所、勤務地、気候などの条件でセグメントします。関東圏と関西圏でロイヤルティやドライバー満足度の差を確認したい場合や、BtoB事業で営業組織として顧客ロイヤルティの差を確認する場合などに、このセグメントを定義します。

人口統計学的属性（デモグラフィック）

性別、年齢、年収、職業、家族構成などの条件でセグメントします。小売事業では、どのセグメントが自社にとってロイヤルティが高いか低いかを確認して、重点セグメントを決定します。例えば、自社が比較的シニア層をターゲットにしているつもりでも、実際には若い世代のロイヤルティが高いことが判明し、戦略や戦術を見直すことがあります。

心理学的属性（サイコグラフィック）

ライフスタイル、パーソナリティ、購買行動タイプ、事前期待など、お客様の性格や気持ちに基づいてセグメントします。年齢のようなデモグラフィック要素よりも、年齢を超えたライフスタイルに注目することで、施策が明確になる場合があります。例えば、洋服を買

図表3-8 顧客セグメント定義例

地理学的属性
◆ 住所
◆ 勤務地
◆ 気候 etc

人口統計学的属性
◆ 性別、年齢
◆ 年収
◆ 職業
◆ 家族構成 etc

心理学的属性
◆ ライフスタイル
◆ パーソナリティ
◆ 購買行動タイプ
◆ 各商品サービスへの 　事前期待
◆ 各顧客接点への 　事前期待
◆ 購買動機 etc

関係行動学的属性
◆ 購買金額
◆ 購買・来店の頻度
◆ 顧客接点場所
◆ 顧客接点時期・時間帯
◆ Webアクセスの頻度
◆ Webアクセス時の導線
◆ メイン利用店舗のタイプ
◆ 会員経過年数 etc

う際、一人で買い物をするタイプと友達と一緒に買い物をするタイプとの違いを比較することです。

関係行動学的属性（ビヘイビアル）

購買金額、来店頻度、Webアクセス頻度、会員継続年数など、お客様と企業の関係行動の視点でセグメントします。一般的には購買金額や来店頻度、会員継続年数が高いお客様はロイヤルティが高いと想定されますが、そのあるべき関係を確認することも重要です。例えば、プラチナ会員のロイヤルティが高い一方で、ゴールド会員がシルバー会員よりロイヤルティが低いという事実が明らかになり、その原因を調査することがあります。

図表3-8では、顧客セグメントの定義例を示しています。

■ セグメントごとに施策が実行できなければ意味がない

顧客セグメントを定義する際によく陥りそうな罠があります。顧客セグメントでスコアを比較することは、言い換えると、各顧客セグメントに対して異なる施策を実行することです。現実的にそれができな

い場合は、分析や考察の努力が無駄になります。一般的な消費者動向を調査し商品開発に活用するための分析ではなく、自社の顧客体験施策に展開するための考察をすることが目的です。

　例えば、事前にWebをよく調べてから店舗で購入するタイプと、Webをあまり見ずに店舗で買い物するタイプに関してアンケートを実施し、それらのロイヤルティや店舗での購買体験の違いを分析しました。その結果、事前にWebをしっかり見てから店舗で購入するタイプのロイヤルティが高いことが分かり、さらに、どのような店舗での顧客体験がロイヤルティに影響を与えるかも明らかになったとします。しかしながら、現実の毎日の店舗での接客時に、お客様が事前にWebをしっかり見てから来店したかどうかは分かりません。このようなケースでは、分析自体は役に立つものですが、現実的に施策に展開できないという結果になります。

　このケースにおいては、オムニチャネル戦略によってオンラインとオフラインの顧客情報をリアルタイムで共有し、自社のオンラインサイトで店舗受け取りや店舗での試着予約などを受け付け、店舗へ誘導するサービスを展開することが考えられます。ただし、そのような取

図表3-9　SaaS事業者での顧客セグメント定義例

地理学的属性	心理学的属性	関係行動学的属性	
◆ お客様本社所在地 ◆ 自社の営業エリア	※設定しないことが多い	◆ 回答者の役割 ◆ 契約ライセンス数 ◆ 商流 ◆ テクサポ問い合わせ有無 ◆ FAQ閲覧有無 ◆ XXコンテンツアクセス有無 ◆ XXサポートサービス利用有無	◆ 契約サービス ◆ 利用継続年数 ◆ 運用自立性
企業属性			
◆ 業種 ◆ 従業員数 ◆ 創業からの年数			

り組みには相当な投資が必要です。このような投資を視野に入れた分析を行う場合、分析目的は達成されますが、最初から現実的に無理だとわかっている場合は、分析が机上の徒労に終わります。デジタルサービスを主軸としている事業では、お客様のプロファイルや行動を把握したサービスの使い分けが可能ですが、リアル接点を中心とした事業では、特に実現が困難です。

ケーススタディ　SaaS事業者での顧客セグメント定義

　図表3-9では、SaaS事業者における顧客セグメント定義の例を示しています。BtoB事業では、人口統計学的属性の代わりに企業属性が重要になります。また、業務用サービスのため、心理学的属性を定義しないケースが多く、関係行動学的属性が主になります。回答者の役割とは、契約担当、導入担当、運用担当、エンドユーザーなどでセグメントします。運用フェーズに入ったクライアント調査が主となるため、特に運用担当者とエンドユーザーの評価が重要です。利用継続年数は、予想外のロイヤルティの違いが現れるセグメントです。例えば、4年目の利用クライアントはロイヤルティが低く、全体的にドライバー満足度も低いことが分かります。運用自立性の面では、ベンダーへの依存度が高いほど、ロイヤルティが低いという意外な発見もあります。SaaS事業では、サービスの利用状況をデジタル情報として常に把握できている（カスタマーヘルス情報と言われている）ため、顧客セグメントもリアルタイムで把握しやすく、施策を講じやすくなります。

ケーススタディ　百貨店での顧客セグメント定義

　図表3-10では、百貨店における顧客セグメント定義の例を示しています。この事例でも、関係行動学的属性でのセグメントが多くなっています。百貨店が強みとしているギフト購買や化粧品購買では、一般

的に頻度が高いお客様ほどロイヤルティが高いと考えられますが、実際にそうであるか確認することが重要です。また、購買頻度を高めるためのアプローチも検討する必要があります。この例では心理学的属性が少ないですが、お客様のライフスタイルに応じた施策を練るために、もっとこのカテゴリのセグメントを増やす必要があるかもしれません。ただし、前述の課題「セグメントごとに施策を実行できなければ意味がない」という点に注意し、無駄のない定義が必要です。図表3-10にある趣味、好きなブランドといった顧客セグメントも、分析結果を品揃えに関する施策には使えますが、店舗現場の購買体験向上施策に活用するには、ハードルが高くなります。

ケーススタディ 食品D2C事業者での顧客セグメント定義

　図表3-11では、食品D2C事業者における顧客セグメント定義の例を示しています。事業の特性上、心理学的属性に基づくセグメントが多いです。食へのこだわりやライフスタイルによるロイヤルティや満足度の違いを理解することは、商品開発だけでなく、顧客体験向上施策にも大きく役立ちます。また、デジタルコミュニケーションをメインとしているD2C事業では、お客様のこうした心理学的属性をECサ

図表3-10　百貨店での顧客セグメント定義例

地理学的属性	心理学的属性	関係行動学的属性
◆ 住居地区	◆ XX商品再購買意向 ◆ ショールーミング 　経験有無 ◆ 趣味 ◆ 好きなブランド	◆ 会員ランク ◆ カード保有状況 ◆ 最も利用したフロア ◆ ギフト購買頻度 ◆ 化粧品購買頻度 ◆ EC購買頻度 ◆ 駐車場利用有無 ◆ XX売場利用頻度 ◆ カスタマーサポート問い合わせ有無
人口統計学的属性		
◆ 性別 ◆ 年齢 ◆ 家族構成 ◆ 職業		

図表3-11　食品D2C事業者での顧客セグメント定義例

地理学的属性	心理学的属性	関係行動学的属性
※設定しないことが多い	◆ 料理頻度 ◆ 料理へのこだわり ◆ 食材へのこだわり ◆ 料理の楽しさ ◆ 好きな商品 ◆ ブランドへの共感	◆ 定期購買契約有無 ◆ XX会員入会有無 ◆ 初回購入日からの経過 ◆ XXコンテンツ閲覧頻度 ◆ ギフト購買体験有無 ◆ 特別な日のための購買体験有無 ◆ XX商品購買有無 ◆ カスタマーサポート利用有無 ◆ 物販店舗体験頻度 ◆ 催事体験頻度
人口統計学的属性 ◆ 年齢 ◆ 同居家族の人数 ◆ 小学生以下の同居人数		

イトにアクセスした瞬時に認識する技術も実装しており、分析を施策に生かせる環境が整備されています。関係行動学的属性の分析も、デジタル情報を活用しながら施策への展開が容易です。XXコンテンツの閲覧頻度はロイヤルティに多大な影響を及ぼしていると分析されれば、閲覧頻度の低いお客様に対してWeb接客技術を介してXXコンテンツに誘導するような導線設計が可能です。顧客セグメント間での比較分析が有効に働きやすい事業と言えます。

3-3 顧客体験の洗い出し

ロイヤルティドライバーと顧客セグメントの定義が完了すれば、次のステップはドライバーごとに顧客体験を洗い出すことです。これは心理ロイヤルティの構造化（2-1、P42参照）での3階層目（図表2-4、P50参照）のネガティブ体験とポジティブ体験の可視化作業です。

■ 顧客行動と顧客体験は違う

タッチポイントにおいて、顧客行動と顧客体験の違いは何でしょうか。

顧客行動とは、単純にお客様がどういう行動をしたかです。「自社の
サイトのこのページにいつアクセスした」「来店して商品を手に取っ
て試着して購買した」「カスタマーサービスに使い方に関しての問い
合わせをして解決した」などの行動を把握します。最近では、スマー
トフォンを中心に企業とお客様が常時インターネット接続できる環境
が整い、最新のデジタル技術を活用することで顧客行動の把握が容易
になり、ビッグデータとして蓄積・分析されるようになりました。

　一方で顧客体験とは、顧客行動に加えて企業の対応やそれに対する
お客様の感情を含めたものです。したがって、「自社のサイトにアク
セスしたが、うまく検索できず困った」「試着室で適切なアドバイスを
してもらい心地良かった」「カスタマーサービスで解決はしたが、オペ
レータが上から目線で嫌な思いをした」といった、お客様のポジティ
ブ体験やネガティブ体験を把握する必要があります。

　最適な施策を立案するためには、顧客行動の把握だけでは不十分で
す。行動を起こした結果、どんな体験をしたか、また、行動を起こす
背景となる別の体験や感情を把握し、適切な施策に結び付けることが
重要です。ある商品説明のページビューが多いからといって、人気が
あってアクセスしているのか、使い方が分からなくてアクセスしてい
るのか、あるいはアクセスした際の説明がよくわからないので何回も
アクセスしているのか、といった顧客体験を把握して施策につなげて
いくことが重要です。そして、顧客行動はデジタル化されて把握しや
すくなりましたが、顧客体験はデジタル化だけでは容易に入手できま
せん。アンケートを実施したり、顧客接点現場のスタッフから意見を
聞くなど、地道な作業も必要です。

■ 顧客体験洗い出しワークの意義

　お客様のポジティブ体験やネガティブ体験をアンケートで聞く場合、一般的な方法として自由回答欄に記入していただく手法があります。自由記述ですので、お客様の視点で記入できるため良い手法ですが、記入していただけるお客様の数は限られているため網羅性が低くなり、また、テキストデータのため定量的な分析が困難です。近年、テキストマイニング技術を使用することで傾向分析が可能になりましたが、まだ抽象的な分類や整理にとどまり、具体的な施策につながりにくいケースが少なくありません。

　このような問題を解決するためには、アンケートの中でドライバーごとにあらかじめリストとして用意されたポジティブ体験、ネガティブ体験にチェックしていただく手法が有効です。その顧客体験リストが網羅性高く洗い出せていれば、網羅性の向上と定量分析という課題が解決できます。そのため、顧客接点現場のスタッフによる顧客体験洗い出しワークは非常に重要なタスクとなります。

　また、この顧客体験洗い出しワーク自体が大きな意義があります。顧客接点現場のスタッフが集い、お客様の視点になって、お客様がどんなネガティブあるいはポジティブな体験をしているかを考えることは、洞察力と想像力を養う意味でも有意義な活動です。そして、スタッフが洗い出した顧客体験リストに対して、アンケートでお客様にチェックしていただきます。その結果を現場スタッフは真摯に受け止めます。つまり自分事になって改善施策に取り組もうというモチベーションにつながります。外部コンサルタントや調査会社のひな形から作成したリストを利用したアンケートでは、現場スタッフにとって自

分事にはなりません。カスタマーエクスペリエンス施策は顧客接点現場のスタッフが担っています。現場スタッフを早期にプロジェクトに巻き込み、顧客体験の洗い出しワークに参加させることが、プロジェクト成功の大きな要因となります。

　ある小売業のプロジェクトでの出来事です。店長クラスのメンバーを集めてネガティブ体験洗い出しワークを行ったところ、あまり顧客体験が出てきません。これは、お客様に商品を売る活動は熱心ですが、お客様がどんな嫌な体験をしているのかどうかを想像できなくなってしまっているのです。思わず筆者は、次のような発言をしました。

　「店長の役割は金勘定だけをしていることですか？　だからネガティブ体験が想像できないのでは？　売上管理も大事ですが、お客様がどんな嫌な体験をしているかを想像力豊かに察して、そのネガティブ体験をなくすことも店長の重要な仕事です」
　頻繁に繰り返されるキャンペーンやセールに頼った購買者づくりが浸透し、名ばかりのファンづくりしかしていない企業にはよく見られるケースです。

　分析精度を上げるための顧客体験の網羅性向上よりも、現場を巻き込むことのほうが、プロジェクトの重要成功要因となることが現実的には多く存在します。網羅性の向上は、プロジェクトのPDCAを回していけば自然と高まっていきます。心理ロイヤルティ向上活動は長期的な取り組みとなります。一度の分析ですべてが決まるわけではなく、PDCAサイクルを回すことで顧客体験の網羅性や分析の精度が向上していきます。そのためにも、顧客接点現場のスタッフを巻き込んでモチベーション高くプロジェクトに参画していただくことが重要です。

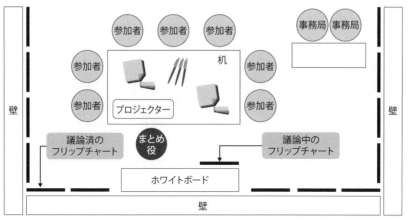

図表3-12　理想的なワークショップ会議室レイアウト

■ 顧客体験洗い出しワークショップの進め方

現場スタッフを交えた顧客体験の洗い出しは、以下の手順に従って集合形式のワークショップで実施すると効果的です。

①ワークショップ開催頻度

合宿などで関係者が集まることが望ましいですが、難しい場合は、2時間程度のワークショップを複数回に分けて実施します。普段の業務に関係しないドライバーも含め、お客様の視点に立って顧客体験を洗い出すことは有意義ですが、時間的制約がある場合は、自身の業務に関係するドライバーの洗い出しにのみ参加します。

②事前準備

プロジェクトの目的を説明し、事前に想定されるネガティブ体験やポジティブ体験を参加者に頭に描いてもらいます。

③ワークショップ会議室の準備

準備すべき文房具は、ホワイトボード、プロジェクター、フリップ

チャート（模造紙）、大きめのポスト・イット（付箋）、サインペンです。特に、壁に貼り付けられるタイプのフリップチャートが望ましいです（**図表3-12**）。

④ディスカッションの仕方

グループ分けしたディスカッションではなく、まとめ役（ファシリテーター）によるコントロールされたディスカッションを行います。

- 各自がネガティブ体験、ポジティブ体験をポスト・イットに書き出す。
- ファシリテーターがポスト・イットを読み上げ、記入者が解説を加えて内容を確認し、参加者の同意を得ながらフリップチャートに貼ります。同じ内容のポスト・イットは集約していきます。
- 異論が出たり、特に重要と思われる体験については、少し深掘りして全員で共通認識を持ちます。

⑤事務局ワーク

事務局は、貼り付けられた顧客体験を Microsoft Excel に一覧表として記録します。

図表3-13　**オンラインワークショップの議論の進め方**

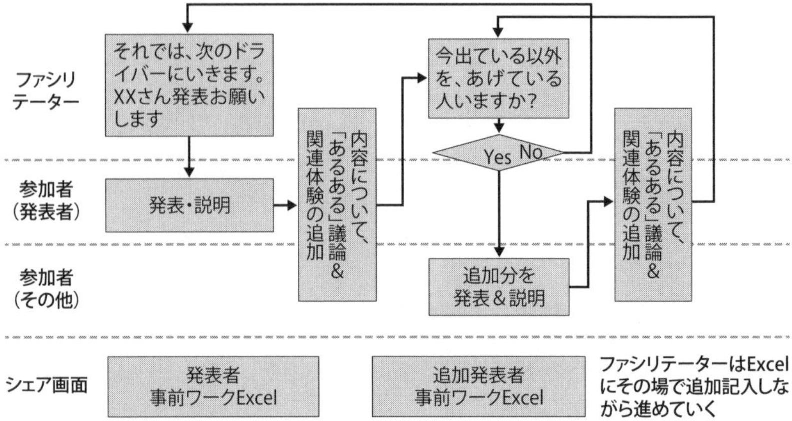

集合形式のワークショップが難しい場合は、オンラインでのワークショップも実施可能です。その場合、ワークショップ前に参加者がネガティブ・ポジティブ体験を洗い出し、ファシリテーターに送付してもらいます。ファシリテーターは、それらをExcelにまとめ、オンラインワークショップの際に画面共有しながらディスカッションを進めます。議論の進め方は、対面ワークショップと同様に、洗い出した体験を確認しながら共有、追加、深掘りを行い、Excelを更新して終了します（**図表3-13**）。

■ 6つのサービス品質を意識する

　洗い出しに際しては、できるだけ網羅性を高めることが必要です。そのための工夫として、5-4（P204参照）で解説しているサービスの6つの品質（正確性、迅速性、柔軟性、共感性、安心感、好印象）を意識しておくと効果的です（図表5-12、P206参照）。サービス品質が損なわれたネガティブ体験や、十分に発揮されたポジティブ体験を6つの視点で確認することで、網羅性が向上します。

　そして、6つのサービス品質の特徴を考慮した洗い出しを行うことで、メリハリのある整理ができます。

　正確性と迅速性は、期待される基本的なサービス品質です。したがって、これらの品質が発揮されたことによる満足度向上よりも、損なわれた場合の満足度低下の影響のほうが大きくなります。そのため、これらはネガティブ体験として洗い出します。例えば、コールセンターの電話にすぐに出るという迅速性に関わる体験では、「電話にすぐ出て良かった」というポジティブ体験ではなく、「電話がなかなかつながらなくてイライラした」というネガティブ体験を優先します。

一方、共感性、柔軟性、安心感は、発揮されると満足度が大幅に高まるサービス品質です。したがって、これらの品質が損なわれたことによる満足度低下よりも、発揮された際の満足度向上の影響のほうが大きくなります。そのため、これらはポジティブ体験として洗い出します。例えば、アパレルショップ入店時に前回の来店時の購入を覚えていて対応をするという柔軟性に関わる体験では、「前回の購入のことを覚えていてくれなくてガッカリした」というネガティブ体験ではなく、「前回の購入のことを覚えていてくれて嬉しかった」というポジティブ体験を優先します。

　このように、サービス品質を意識して網羅性の高い顧客体験を洗い出し、サービス品質の特徴も考慮してメリハリをつけることで、効果的な分析が可能になります。ただし、サービス品質を意識した洗い出しに注意を払うのは、ファシリテーターの役割です。現場の洗い出しメンバーは特別意識せず、網羅的に多くの体験を洗い出すことに集中し、ファシリテーターはサービス品質による網羅性とメリハリを意識しながらメンバーから体験を引き出すことが重要です。

■ チェックリストへのまとめワークを行う

　ファシリテーターは、洗い出された顧客体験をアンケート用チェックリストにまとめる必要があります。網羅性の高い顧客体験リストには、重複した体験や粒度の異なる体験が多く存在します。アンケートのチェックリストの項目が多すぎると回答者の関心が失われるため、ネガティブ・ポジティブ体験をドライバーごとにそれぞれ約10項目にまとめます。

　このタスクは、ファシリテーターのスキルが要求されます。同じ内

図表3-14　マインドマップツールを利用したまとめワーク

容の顧客体験は抽象度を上げてまとめ、不適切な体験は省きます。ま
た、その際に該当の顧客体験が6つのサービス品質（図表5-12、P206
参照）のどれに関連するかを記載しておくと、分析後の考察がスムー
ズに行えます。マインドマップツールを使用することで、まとめワー
クを効率的に行うことができます（**図表3-14**）。

　まとめワークが完了したら、アンケート設計に適した形でExcel
シートにエクスポートします（**図表3-15**）。

図表3-15　ネガ・ポジ体験まとめ結果（SaaS事業での例）

ドライバー		チェックリスト	サービス品質	
電話サポート	ネガ	電話がつながらなかったことがある	迅速性	
		1回の会話の回答までの時間がかかりすぎると感じたことがある	迅速性	
		折り返し返答の際の返事が遅すぎると感じたことがある	迅速性	
		言葉遣いや話し方等、不愉快に感じたことがある	好印象	
		たらい回しにあったと感じたことがある	迅速性	
		オペレーターによって知識や理解度、応対品質の差があると感じたことがある	正確性	
		話をちゃんと聞いてくれなくて残念に感じたことがある	柔軟性	
		質問の主旨や意図を理解してくれないと感じたことがある	共感性	
		問題を回避策や代替案の提案が無くて残念に感じたことがある	柔軟性	
		対応内容が引き継がれてなくて残念に感じたことがある	正確性	
		システム改良に対する姿勢が感じられなかったことがある	柔軟性	
		その他		
	ポジ	いつも電話にすぐに出て良い	迅速性	
		いつも折り返し回答の時間が約束通り早くて良い	迅速性	
		いつも素早く回答してもらえて良い	迅速性	
		いつも回答は解りやすく正確で良い	正確性	
		質問の主旨や意図を理解してくれた対応が良いと思ったことがある	共感性	
		質問したこと以上の情報提供や提案があり良いと思ったことがある	柔軟性	
		回避策や代替案の提案があって良いと思ったことがある	柔軟性	
		顧客に寄り添った誠意ある対応をしてくれたと思ったことがある	安心感	
		システム改良要望に対する姿勢が良いと思ったことがある	柔軟性	
		現場と連携しスムーズに問題解決して良いと思ったことがある	柔軟性	
		その他		

	洗い出し
	電話がつながらない
	保留回数や折り返し回数が多く、回答までに時間がかかりすぎると感じたことがある
	調査や検証などで回答に時間がかかる
	保留時間が長い
	関連性のない設定の確認までされ、無駄な時間を遣わされた。
	折り返しが遅い(待たされる)
	調査や検証などで回答に時間がかかる
	調べると言われ電話を切った後に、どのくらいで折返しがくるか教えてくれない
	上から目線で話をされる
	冷たい印象で安心して話せる雰囲気がなかった。
	言葉遣いが乱暴で、誠意を感じられなかった。
	エスカレーション(担当が変わること)があり1回で解決しない
	複数の質問の際は担当者が変わることがあるため待たされる(中断してしまう)ことがある
	オペレーターによって回答の精度に差がある(スキルに差がある)
	オペレーターによって応対品質に差がある
	回答が誤っている(オペレータによって回答が食い違っている)
	FAQに誘導され(FAQを見れば分かると言われ)、丁寧に説明してくれなかった
	自社の質問や要望の意図をくんでもらえてないと感じたことがある
	質問の趣旨を理解してくれない(人によって理解度が異なる)
	質問には答えてくれるが、デメリットや別のやり方が良い場合など、必要以上の事を教えてくれない
	出来ないとだけ言われ、改良しようとしてくれない。または別の代替案を示してくれない
	前回対応者に伝えた伝達事項が今回の担当者に伝わっていない。
	システム改善要望をお願いしても結果どうなったのか教えてくれない
	出来ないとだけ言われ、改良しようとしてくれない。または別の代替案を示してくれない
	電話とメールしか問い合わせチャネルがない
	問い合わせが解決できない
	保守料の割にサービスが悪い(保守料が高い)
	電話がつながる(つながらないことがない)
	折り返しが早い(待たされない)
	約束通りの時間に連絡をもらえた。
	すぐに問題を解決(即答)してもらえた
	複数の質問に同じ人が対応してくれた(同じ担当者がすべての質問に回答してくれた)
	尋ねたい内容を正確に理解し、的確に回答してもらえた。
	解りやすい説明で丁寧であった
	問い合わせした内容は必ず解決してもらえる
	自社の質問や要望の意図をくんでもらえる
	口頭説明だけでなく、該当のFAQも案内してくれた。
	質問したこと以上の回答や提案をしてくれる
	問合せ終了後に追加情報を提供してくれた
	運用において役に立つ情報を提供してくれた
	できないことでも回避策や代替案を提案してくれる
	いつも顧客に寄り添った対応をしてくれる
	クレームに対し誠意ある対応と対策を示してくれた
	オペレーターの応対に信頼と安心感を感じたことがある
	要望通り改良が行われた
	現場と連携しスムーズに問題解決してくれた
	保守料以上の対応で満足できた
	休日・夜間でもサポートしてくれる

アンケート設計

　ロイヤルティドライバーと顧客セグメントの定義が終了し、顧客体験の洗い出しとまとめワークが完了すれば、アンケート設計に取り掛かれます。

■ アンケート構成

- パート1：顧客プロファイル

　定義した顧客セグメントにおいて、顧客情報と紐付けても入手できない情報をアンケートで取得します。例えば、年齢別を顧客セグメントとして定義している場合、顧客情報に最新の年齢が反映されていないケースでは、アンケートに年齢に関する設問を追加します。

- パート2：心理ロイヤルティ1

　推奨度を測る設問（11段階評価）とその理由を尋ねる設問。

- パート3：ロイヤルティドライバー

　定義したロイヤルティドライバーごとに、以下の設問を繰り返します。

　①体験の有無（すべてのお客様が体験する場合は省略）や頻度

　②ネガティブ体験リストからチェック

　③ポジティブ体験リストからチェック

　④該当ドライバーの満足度（5段階）

- パート4：心理ロイヤルティ2

　継続利用意向を測る設問（5段階評価）とお客様の要望に関する設問。

これらの構成を基本とし、必要に応じて他の設問を追加します。

■ 回答率と正確性の向上を目指す

ロイヤルティの構造化と定量化を目指すためには、設問数が多いアンケート設計になりがちです。ドライバーの数にもよりますが、少なくても50問程度にはなります。設問数が多いアンケートを取る場合の課題は、回答率と正確性の担保です。アンケート途中での離脱を防ぎつつ、できるだけ正確な回答を得るための工夫が必要です。

大規模なアンケートは多くの場合、1年単位で実施します。つまり、1年間を通じて顧客体験を明らかにし、同時に自社のファンづくり活動を評価していただく機会です。その際に、極力お客様に考えさせる負担を軽減することが、回答率と正確性を増すための重要なポイントです。そのために以下の2タイプの設問を用意します。特に、②の存在が重要となります。

①お客様に考えていただき評価をしていただく設問
　• 推奨度（11段階で評価）
　• 継続利用意向（5段階で評価）
　• ロイヤルティドライバーの満足度（5段階で評価）
②チェック方式でお客様の負担を軽減する設問
　• ネガティブ体験チェック
　• ポジティブ体験チェック

例えば、アパレルショップで、「試着」というロイヤルティドライバーを定義したとします。試着全体の満足度は、①の設問タイプで5段階の評価をしていただきます。世の中にあふれかえっているアン

図表3-16　アンケート構成（通販での例）

カテゴリ	必須／任意	設問番号	設問文	選択肢番号	選択肢	回答者条件	回答方式
お客様プロファイル	必須	1	あなたを含めた同居している人数を教えてください。			全員	SA
				1	1人（ひとり暮らし）		
				2	2人		
				3	3人		
				4	4人		
				5	5人以上		
	必須	2	同居家族の中で小学生・未就学のお子さまの人数を教えてください。			Q1=2 or 3 or 4 or 5	SA
				1	なし		
				2	1人		
				3	2人		
				4	3人以上		
	必須	3	あなたはふだん、どのくらいの頻度でXXされていますか。最もあてはまる項目にひとつだけチェックしてください。			全員	SA
				1	ほぼ毎日		
				2	週4〜5日程度		
				3	週2〜3日程度		
				4	週1日程度		
				5	週1日未満		
	必須	6	あなたにとってXXすることは楽しいですか。最もあてはまる項目にひとつだけチェックしてください。			全員	SA
				1	とても楽しい		
				2	まあまあ楽しい		
				3	どちらともいえない		
				4	あまり楽しくない		
				5	まったく楽しくない		
NPS	必須	8	AAの商品を親しい友人や家族に薦める可能性はどのくらいありますか？お薦めする可能性を0〜10点でお答えください。			全員	SA
				1	10点（お薦めする）		
				2	9点		
				3	8点		
				4	7点		
				5	6点		
				6	5点		
				7	4点		
				8	3点		
				9	2点		
				10	1点		
				11	0点（お薦めしない）		
	任意	9	上記の点数にした理由を教えてください。			全員	記述

カテゴリ	必須／任意	設問番号	設問文	選択肢番号	選択肢	回答者条件	回答方式
ドライバー	必須	53	【特別な日のためのギフト購買】 直近一年で、AAの商品を特別な日（結婚式、イベント、等）のために購入したことがありますか。			過去1年間でギフト購買をした人	SA
				1	ある		
				2	ない		
	必須	55	【特別な日のためのギフト購買】 AAの商品を特別な日（結婚式、イベント、等）のために購入した際に、不満、不快に感じたことを教えてください。該当するすべての項目にチェックしてください。（複数選択可）			Q53=1	MA
				1	御年賀や父の日などイベント用の包装・限定パッケージがなくて残念だ		
				2	母の日・御年賀などイベントの限定パッケージ・限定商品のギフトが欠品していて残念だ		
				3	ギフト商品がどう梱包されるか不安だ		
				4	取り扱っているギフトのカテゴリが不足している		
				5	イベント限定ギフトの品ぞろえが少ない		
				6	包装紙・ギフト用のパッケージがイマイチだ		
				7	上記の中で該当する項目はない		
	必須	56	【特別な日のためのギフト購買】 AAの商品を特別な日（結婚式、イベント、等）のために購入した際に、良いと思ったことを教えてください。該当するすべての項目にチェックしてください。（複数選択可）			Q53=1	MA
				1	ギフト目的別・金額別に並べ替えると選択しやすくて良い		
				2	母の日商品のデザインが素敵だ		
				3	上記の中で該当する項目はない		
	必須	57	【特別な日のためのギフト購買】 AAの商品を特別な日（結婚式、イベント、等）のために購入した際の、全体の満足度をお聞かせください。			Q53=1	SA
				1	非常に満足		
				2	満足		
				3	普通		
				4	不満		
				5	非常に不満		
NRS	必須	83	あなたが1年後にAAの商品やサービスを継続購入・利用している可能性をお聞かせください。今の気持ちに一番近いものを選択してください。			全員	SA
				1	必ず利用している		
				2	おそらく利用している		
				3	その時になってみないと分からない		
				4	おそらく利用していない		
				5	絶対利用していない		
	任意	84	AAに対するご要望・ご意見をどのようなことでも結構ですのでお聞かせください。			全員	記述

ケートの中には、加えて以下のように①のタイプで、さらに詳細な顧客体験の評価まで、お客様に聞くようなアンケートが多くみられます。

☐ 試着室の広さに対する満足度を5段階で教えてください。
☐ 試着終了後の店員のお声がけタイミングに対する満足度を5段階で教えてください。
☐ 試着時の店員のコーディネート提案に対する満足度を5段階で教えてください。

お客様は店舗を評価するために来店しているわけではありません。詳細な体験をすべて5段階で評価するようなアンケートは煩わしく感じられ、離脱率が上がり、正確性も低くなります。そこで、お客様の体験をできるだけ正確に把握するために、以下のような②タイプのネガティブ・ポジティブ体験リストを用意し、チェック方式を採用します。

☐ 試着室が狭いと感じことがある
☐ 試着が終わったにもかかわらず声をかけられず戸惑ったことがある
☐ 試着服にあう小物のコーディネート提案があり良いと思ったことがある

1年間で一度でも体験したことがある項目にチェックしていただくことで、お客様の思考負担を軽減でき、お客様全体の評価はチェック率によって判断できます。

ある百貨店のプロジェクトにおいて、駐車場に対するネガ・ポジ体験は「設備」というドライバーに属した顧客体験の一部として②タイ

プのみのアンケート設計をしていました。しかしながら、分析を進めると駐車場での体験がロイヤルティに対する影響度が高いことが明らかになり、次年度からは「駐車場」をロイヤルティドライバーとして定義し、①タイプで満足度を聞き、さらに詳細な駐車場でのネガティブ・ポジティブ体験を洗い出し、②タイプのアンケート設計を行いました。

このように、アンケート設計が一度完了したからといって終わりではありません。分析結果に基づいて、ロイヤルティの構造化やアンケート設計を継続的に改善していくことも重要です。

■ 顧客体験の言葉遣いにこだわる

チェックリストとして用意する顧客体験の文言にこだわることで、正確性が高まります。顧客体験では、ポジティブな体験よりもネガティブな体験を多く把握することが重要です。そのためには、少しでも該当する場合にチェックを促すような言葉遣いを使用します。

例えば、「商品の探しやすさ」に対するネガティブ体験を聞く場合、チェックリストの文言として以下の3種類が考えられます。

①商品が探しにくい

　この言葉遣いは、お客様に評価を求めるものです。1年間を通じて最終的に商品が探しにくいかどうかを評価する聞き方になるため、チェック数は少なくなります。

②商品が探しにくいと思ったことがある

　この言葉遣いは評価ではなく、そのように思った体験を聞いています。1年間を通じて過去に一度でも思ったことがある場合にチェッ

クをするため、①より多くチェックがつきます。

③商品が探しにくいと感じたことがある

　②と同様に評価ではなく、そのように感じた体験を聞いています。
1年間を通じて過去に一度でも感じたことがある場合にチェックを
するため、①より多くチェックがつきます。さらに、「思った」より
も軽く、②よりさらに多くチェックがつきます。

　ネガティブ体験は一度でも少しでも感じた体験の数を拾うことが重
要なので、③の言葉遣いにすることが望ましいです。ポジティブ体験
の場合は、②の言葉遣いを標準にすることが望ましいです。

■ ペインポイントの特定が重要

　満足度調査を実施する際によく陥ることがあります。自社や自社の
商品を選んだ理由や満足している点ばかりを問う設問になってしま
うことです。Marketing2.0までの購買者づくりのマーケティングの施
策を練るのであればそれで構いませんが、本方法論ではMarketing3.0
以降のファンづくりを目指します（詳細は1-1、P22参照）。そのために
は、お客様が何を理由に購入したか、どんな点に満足しているかを深
掘りするのではなく、お客様が何に不満を持っているのか、さまざま
なタッチポイントでどのようなネガティブ体験をしているのかを調査
する必要があります。

　お客様の購買理由を明らかにし、それを参考に他のお客様へ購買を
促す情報を継続的に発信する狩猟型マーケティングから、お客様のペ
インポイントを特定し、それを改善し続けることでお客様に良い体験
を実感していただく農耕型マーケティングへの転換が求められてい
ます。そのためにも、満足度調査という考え方ではなく、不満足調査

という考え方でアンケートを取得する必要があります。顧客体験の文言、特にネガティブ体験の文言にこだわるのもこの理由からです。

　筆者のプロジェクトでよく受ける質問の1つは、「なぜ顧客体験の設問で先にネガティブな体験を聞くのか？　ポジティブな体験を先に聞いてはダメなのか？」というものです。これは、ペインポイントを特定することを重視する考え方によるものです。自社の良い点を聞くよりも、まず改善が必要な点を聞くべきだという考えから、そのような構成になっています。

　また、プロジェクトでアンケート設計が完了し、取得実施する段階になって、時々、上層部や営業部門から中止の指示が出ることがあります。彼らの言い分は以下です。

　「こんなアンケートを取ると、自社の悪い点に対してお客様が気づいてしまうじゃないか？　お客様が指摘した点を改善できなかったら逆効果ではないか？　必死でお客様を獲得して維持している我々の努力を無駄にするようなことは止めてくれ」

　これはお客様視点ではなく、自社や組織の視点に偏った考え方です。購買者づくりだけに専念し、ファンづくり活動が浸透していない企業の典型的な事例です。このような企業に限って、社長の年頭やホームページの挨拶には、「わが社は顧客第一主義です」というワードが登場しています。

　このような事態になると、筆者は今までいただいたコンサルフィーをすべて返金してプロジェクトを中止したくなります。しかし、実際

にはプロジェクトメンバーはそのような考えを持っておらず、多くの人が顧客第一主義への変革に熱意を持って取り組んでいます。そのため、何とか回避策を見つけながらプロジェクトを続けていくことになります。

3-5 アンケート収集と集計

アンケート設計が終了すれば、アンケートの収集が始まります。多くのアンケートを効率的かつ確実に集めるために、インターネットでの収集は不可欠です。さらに、分析作業につなげるために集計の準備も重要です。

■ アンケート専用システムの活用

インターネットを活用したアンケート収集は、紙による方法よりも効率的です。市場ではインターネットを使ったアンケート専用システムが多く存在します。設計したアンケートに基づいて動作し、Excelのローデータとしてエクスポートできるシステムであれば、どれを利用しても問題ありません。ここでは筆者がプロジェクトでよく利用する汎用クラウド型アンケートシステムと、アンケートシステムだけではなくロイヤルティマネジメントの支援まで筆者と提携して実施している2社を紹介します。

①クラウド型アンケートシステム Questant（https://questant.jp/）
　ネットリサーチの大手企業であるマクロミルが提供するセルフアンケートシステムです。初心者にもやさしいユーザーインタフェースで直感的にWebアンケートが作成可能です。料金も、何回でも利用

できる年間プランと、使いたい時だけアンケート取得単位で支払う
アドホックプランがあります。オプションで簡易集計ツールもあり
ます。筆者がアンケート設計まで支援して、アンケートはクライア
ント自らQuestantを使ってシステム実装し取得するといった役割
分担でプロジェクトを進める際に活用しています。

②株式会社エンゲージ（https://en-gauge.jp/）

アパレル、小売り、サービス業を中心に、顧客とブランド、企業と従
業員、従業員と顧客が相互に良い循環を生む企業（相互にエンゲー
ジする企業）の創造を支援するコンサルティング会社です。その
サービス提供の一環でVOC計測ツール「x-gauge」を提供しており、
本書籍の方法論を用いたアンケートの実装と集計実績があります。
筆者がアンケート設計まで支援して、同社がその設計を引き継いで
システム実装しアンケートを取得、集計するといった役割分担で、
クライアントに負担をかけないプロジェクトが可能です。同社は特
に、リアル店舗でのトランザクション調査を継続しながらスタッフ
のモチベーションを高め、ロイヤルティを向上させていく支援には
定評があり、リアル店舗を多く抱える事業者に対して、筆者の年1
回のリレーション調査と組み合わせたアライアンスサービスを提供
しています。

③株式会社Sprocket（https://www.sprocket.bz/）

Sprocketは、Webサイト・アプリの課題発見から施策実施、改善
まで一連のPDCAサイクルを回すことでOne to Oneコミュニケー
ションを実現するCX改善プラットフォームです。Sprocketは、顧
客の行動データを分析・活用して検証のサイクルを回すことで顧客
心理を解明し、より精度の高い施策につながるグッドスパイラルを
生み出します。

Sprocketには、お客様のWeb行動履歴に応じた設問の出し分けな

ど、本書の方法論を用いたアンケートの実装と集計実績があります。筆者がアンケート設計まで支援して、同社がその設計を引き継いでシステム実装しアンケートを取得、集計するといった役割分担で、クライアントに負担をかけないプロジェクトが可能です。同社は特に、分析考察を反映したWeb導線づくりやA/Bテストでの改善には定評があり、ECサイトなど、オンラインビジネスをメインにしている事業者に対して、筆者の年1回のリレーション調査と組み合わせたアライアンスサービスを提供しています。

アンケートシステムを選定する際には、使いやすさや画面表示機能などに加えて、重要な要件があります。それは、アンケート回答者を特定できる機能です。アンケートのURLにユニークなIDを設定して回答者を特定し、そのIDを基に顧客データから顧客プロファイル情報を紐付けできる機能が必須です。上記で紹介した各社のツールは、もちろんその機能を実装しています。

■ Excelでのローデータができれば集計が可能

どのようなアンケートシステムを利用しても、最終的にはExcelでローデータを作成することになります。1行に1人の回答が格納される形式です（**図表3-17**）。さらに、アンケート結果の列に加えて、顧客データと紐付ける項目を列に追加します。このExcelによるローデータが作成できれば、本方法論で定量化する指標は、作業を重ねることで集計が可能です。

その際に、特に注意する項目は、マルチアンサー型の設問項目です。シングルアンサー同士であれば、Excelのピボットテーブルを利用したクロス集計が簡単にできますが、マルチアンサーを利用した顧客体

図表3-17　Excelでのローデータ

ユニークID	会員登録店舗	年齢	性別	年代	会員ランク	年間購買金額	設問1	設問2	設問3	設問4	設問5	設問6	設問7	設問8	設問9
5300204							9	1,2,3,4	1	2	1	1,2,5	8		3	1,2,3,4
5299646							9	1,2,6	2	3	1,3,4	1	7		3	1,3,7,8
5298774							11	1	1	3	1	1,2	2		3	1,3
5297797							6	1,2,3,4	2	1	1,2,4	2,6	1		2	1,2,3,4,6,7,8
5297431							9	1,7	2	3	1,2	1,2,3,5	6		3	1,3,4,6
5297356							5	1,2,5	2	2	1,2	1,2	8		2	1,3,4,6
5297302							2	1,2,4	5	8	2	8	8		3	1,6
5296954							10	1,7	2	4	1,2	3	8		3	4,7
5296360							6	1,7	2	2	1	2	1		2	1,3,6
5296092							9	2,3,4,5,6,7	1	1	1,2,3,4,5	2,4,6	8		2	1,2,6,7,8
5296088	顧客データから						9	1,8	2	3	1,2	8	8		3	6
5295674	紐付けして						8	1,2	1	4	1,2	3,4	6		3	3
5294689	作成する情報						2	1,2	2	1	1,2	1,4	8		2	1,3,8
5294404							4	1,4	1	1	1,2	1,2,3	1		2	1,3,6
5294207							2	9	3	6	2	8,9	6		3	1
5294186							9	1,2	2	4	1	1,2	8		3	1,2,3
5294021							9	1,2,3,5,7	2	4	1,2,3	1,3,4,7	1,6,7		2	2,3
5293873							9	3	2	3	2	2,3	4		3	2,3
5293727							6	2	2	3	1	1	1		2	3
5293719							8	1,2,7	1	1	1,2	1,2,3,4	8		1	1,2,3,4,5,6,7,8
5293516							6	1,2,5,10	1	5	1,4	1,4	1		3	1
5293354							5	1	1	1	2	7	8		3	9
5293352							9	1,2,6,7,8	2	1	1,2	2,4	1,2,4,6		5	1,3,6,7
5293296							1	1	3	6	2	1	3		3	3,6

験の頻度などの集計には工夫が必要です。ただ、これもExcelのスキルを持ち合わせた人であれば、最初は苦労しますが慣れると問題なく集計が可能です。上記で紹介したアライアンスパートナーのエンゲージとSprocketの2社は、本方法論での集計方法を熟知しているため、ローデータ作成後、「2-2 心理ロイヤルティの定量化」(P53参照)で解説した各指標を迅速に集計できます。

■ グラフ作成のための Excel フォーマットを作る

　分かりやすい分析レポートを作成するためには、分かりやすいグラフを作成する必要があります。具体的なグラフ例は第4章で解説するとして、アンケートローデータからグラフを作成しやすいような集計表に仕上げる必要があります。最近では、Tableau や Microsoft Power BI などのデータ分析ツール（BI ツール）が多数登場し、視覚的なグラフを簡単に作成し分析できるようになりました。アンケートのローデータをこれらのツールにインポートして活用することも可能で

図表3-18　推奨意向 × 継続利用意向

n数	継続利用意向					推奨意向数	NPSカテゴリ別数	NPS比率	NPS
	積極的に活用していきたい	今と同じ程度に活用していきたい	その時になってみないと分からない	できれば使用したくない	絶対使用したくない				
推奨意向 10点（お薦めする）									
9点									
8点									
7点									
6点									
5点	このセルのn数を集計して埋める								
4点									
3点									
2点									
1点									
0点（お薦めしない）									
継続利用意向数									
NRSカテゴリ数									
NRS比率									
NRS									

図表3-19　個別ドライバー分析用

ロイヤルティドライバー	集計項目	設問	n数	ロイヤルティスコア
電話サポート	利用したことがある	Q8		
	利用したことがない	Q8		
	非常に満足	Q11		
	満足	Q11		
	普通	Q11		
	不満	Q11		
	非常に不満	Q11		
	Top2Box（非常に満足＋満足）	Q11		
	Bottom2Box（不満＋非常に不満）	Q11		
メールサポート	利用したことがある	Q12		
	利用したことがない	Q12		
	非常に満足	Q15		
	満足	Q15		
	普通	Q15		
	不満	Q15		
	非常に不満	Q15		
	Top2Box	Q15		
	Bottom2Box	Q15		
有人チャットサポート	利用したことがある	Q16		
	利用したことがない	Q16		
	非常に満足	Q19		
	満足	Q19		
	普通	Q19		
	不満	Q19		
	非常に不満	Q19		
	Top2Box	Q19		
	Bottom2Box	Q19		

す。既にツールを習熟している方は、第4章で紹介する各グラフの作成にぜひチャレンジしてみてください。

　ここでは、Excelのグラフ機能を使用し分析レポートを作成するために、事前に集計しておくと便利なExcelフォーマットの代表例を以下に示します。

①推奨意向×継続利用意向のクロス集計表（**図表3-18**）
　アンケートでは、推奨意向と継続利用意向の両方を尋ね、メインロイヤルティスコアをNPSかNRSに決定する際に使用する集計表です（詳細は2-2-1、P53参照）。この集計表からさらに、NPSでの推奨者を100とした場合の継続利用意向の比率と、NRSでのリピーターを100とした場合の推奨意向の比率を考慮しながら、メインロイヤ

図表3-20　セグメント別ロイヤルティ比較

カテゴリ	設問	セグメント	n数	NPS	批判者	中立者	推奨者
地域	Q1	北海道・東北					
		関東					
		北陸					
		中部					
		関西					
		中国					
		四国					
		九州・沖縄					
メイン利用サービス	Q2	Aサービス					
		Bサービス					
		Cサービス					
		Dサービス					
職種	Q4	経営者					
		導入・運用者					
		利用者					

︙

図表3-21 セグメント×ドライバー満足度、琴線感度

カテゴリ	セグメント	定量化項目	ドライバー			
			電話 サポート	メール サポート	有人 チャット サポート	...
全顧客		n数（ドライバー満足度回答者母数）				
		ドライバー満足度（Top2Box比率）				
		ドライバー琴線感度（Top2BoxのNPS）				
メイン 利用 サービス	Aサービス	n数（ドライバー満足度回答者母数）				
		ドライバー満足度（Top2Box比率）				
		ドライバー琴線感度（Top2BoxのNPS）				
	Bサービス	n数（ドライバー満足度回答者母数）				
		ドライバー満足度（Top2Box比率）				
		ドライバー琴線感度（Top2BoxのNPS）				
	Cサービス	n数（ドライバー満足度回答者母数）				
		ドライバー満足度（Top2Box比率）				
		ドライバー琴線感度（Top2BoxのNPS）				
	Dサービス	n数（ドライバー満足度回答者母数）				
		ドライバー満足度（Top2Box比率）				
		ドライバー琴線感度（Top2BoxのNPS）				
職種	経営者	n数（ドライバー満足度回答者母数）				
		ドライバー満足度（Top2Box比率）				
		ドライバー琴線感度（Top2BoxのNPS）				
	導入・ 運用者	n数（ドライバー満足度回答者母数）				
		ドライバー満足度（Top2Box比率）				
		ドライバー琴線感度（Top2BoxのNPS）				
	利用者	n数（ドライバー満足度回答者母数）				
		ドライバー満足度（Top2Box比率）				
		ドライバー琴線感度（Top2BoxのNPS）				

ルティスコアを決定していきます。詳細な決定方法は2-2-1（P61）を参照してください。

②個別ドライバー分析用集計（**図表3-19**）

ロイヤルティドライバーごとに、満足度に基づくロイヤルティを比較し、考察を行うレポートを作成するために使用します。体験率も集計して出せるような情報を集計しておきます。

図表 3-22　ネガ・ポジ体験

ドライバー名	設問 選択肢 No.	ネガティブ体験 or ポジティブ体験	回答者 母数	チェック数	体験頻度	琴線感度
・	・	・	・	・	・	・
・	・	・	・	・	・	・
・	・	・	・	・	・	・
・	・	・	・	・	・	・

③セグメント別ロイヤルティ比較（図表 3-20）

　顧客セグメントカテゴリ内でロイヤルティを比較する集計表です。
NPSであれば推奨者、中立者、批判者のn数まで集計してグラフ作
成に利用します。

④セグメント×ドライバー満足度、琴線感度（図表 3-21）

　顧客セグメントごとに、各ロイヤルティドライバーの満足度と琴線
感度を集計して一覧にします。ドライバーマッピング分析やセグメ
ント比較レポートに活用します。

⑤ネガ・ポジ体験集計（図表 3-22）

　ネガティブ・ポジティブ体験ごとに、ドライバー名、回答者母数、
チェック数・率、体験琴線感度をまとめた集計表です。ネガ・ポジ
体験ランキング分析に活用します。

　これらの集計表は、本方法論に基づく分析レポートで必ず使用しま
す。筆者のプロジェクトでは、アンケート収集が終わる前に、アンケー
ト設計内容に応じて事前に集計表を作成し、集計担当者と共有しま
す。さらに、アンケート内容に基づいて、個別に分析すべき内容に関
するクロス集計表などを事前に作成することで、効率的に作業を進め
ています。

第4章
分析編

これまでに、心理ロイヤルティを可視化するためのロジック、定量化指標、構造化の設計手順、アンケート設計、データ取得、および集計方法について説明しました。本章では、これまでの内容を踏まえた分析と考察方法について説明します。具体的な作業を行わず、アウトプットをもとに意思決定をする経営者は、ロジックの基本を理解する第2章とレポート内容を理解する本章だけを参照しても問題ありません。

4-1 レポート体系

一般的なレポートの目次と内容は以下になります（**図表4-1**）。

1. 調査および分析手法

本手法の概要と、この手法に基づく3階層による心理ロイヤルティの構造化について説明します。さらに、アンケートの配信数や回答数の数値結果を記述します。また、後述するグラフの解釈を補助するための6つの指標の計算方法について説明します。

2. メインセグメントレポート

分析対象セグメントとして、アンケート取得の全顧客を1つのセグメントとした分析レポートです。

①ロイヤルティ総合評価

NPS（Net Promoter Score）やNRS（Net Repeater Score）のスコアを用いて、KGI（Key Goal Indicator）としてのロイヤルティを評価します。さらに、過去1年間の購入金額に基づく収益効果の評価も行います。

②ロイヤルティドライバー分析

ドライバーの満足度と琴線感度の数値を比較します。また、そ

図表4-1　レポート目次事例(百貨店での例)

1. 調査&分析手法

2. メインセグメント(全顧客)レポート

① ロイヤルティ総合評価
② ロイヤルティドライバー分析
◆ドライバー満足度、琴線感度
◆ドライバーマッピング分析
③ ネガ・ポジ体験ランキングTop20
④ 感動・落胆体験ランキングTop20
⑤ 満足売場、感動売場ランキング
⑥ 不満足売場、落胆売場ランキング
⑦ 3レポートによるロイヤルティドライバー別考察
◆ドライバーマッピング分析
◆個別ドライバー分析
◆ドライバー別ネガ・ポジ体験分析

3. サブセグメントレポート

① 性別
② 年齢
③ 会員ランク
④ メイン利用フロア
⑤ A売場利用頻度・利用意向
⑥ B売場利用頻度・利用意向
⑦ C売場利用頻度
⑧ ギフト購買頻度
⑨ EC利用頻度
⑩ ショールーミング動向
⑪ 会員カード保有状況
⑫ 特別Cサービス利用経験

4. まとめ(エグゼクティブサマリ)

の2つの指標にドライバー体験率を加えた散布図(ドライバーマッピング分析)から、ドライバーの強み度合いを比較します。

③ネガ・ポジ体験ランキングTop20

すべてのネガティブ体験とポジティブ体験の頻度を算出し、頻度が高いTop20をリスト化します。体験頻度が高いネガ・ポジ体験を把握します。

④感動体験・落胆体験ランキングTop20

すべてのネガティブ体験およびポジティブ体験の体験琴線感度を算出し、ポジティブ体験はスコアが高いTop20、ネガティブ体験ではスコアが低いTop20をリスト化します。どの体験が感動度合いや落胆度合いが高いかを把握します。

⑤3レポートによるロイヤルティドライバー別考察

以下の3つのレポートを関連付けし、各ドライバーに対する施策を検討します。具体的な考察方法は、4-3(P130)で説明します。

A) ドライバーマッピング分析

ドライバーの満足度と琴線感度の2つの指標にドライバー体

験率を加えた散布図から、該当ドライバーの強み度合いを把握し、対策の方向性を確認します。

B) 個別ドライバー分析

各ドライバーの体験の有無や満足度レベルによるロイヤルティを比較し、どのスコアを向上させるべきか検討します。

C) ドライバー別ネガ・ポジ体験分析

ドライバーごとに、ネガ・ポジ体験の頻度と体験琴線感度の一覧を作成します。個別ドライバー分析で判断したスコアを向上させるために注力すべき顧客体験を考察します。

3. サブセグメントレポート

心理ロイヤルティの構造化で定義した顧客セグメントで比較するレポートです。ロイヤルティスコアは必ず比較し、必要に応じて、ドライバー満足度、琴線感度も比較し、全体（メインセグメント）のロイヤルティを向上させるには、どの顧客セグメントに特に注力すべきか、また、その顧客セグメントのロイヤルティを向上させるにはどのドライバーに注目すべきかを考察します。

4. まとめ（エグゼクティブサマリ）

まとめとして1ページで、総合評価や特に注目すべきロイヤルティドライバー、顧客体験、顧客セグメントを考察します。

4-2 収益効果評価

本書のテーマは、精神論になりがちなファンづくりを科学的な活動に変えるために、ロイヤルティの構造化と定量化による見える化の方法論を解説しています。その中で、ロイヤルティ向上活動が収益面でどのように評価されるのかも重要です。

■ 良い売上、不確実な売上、悪い売上

ファンづくりの活動は購買者づくりの活動と違って、短期的視点での売り上げで評価すべきではありません。また、ファンづくりの活動を購買者づくりのKGI達成の手段に位置づけるべきではありません。例えば、今月の売り上げ（KGI）達成のためのKPI（Key Performance Indicator）として、今月の接客満足度を掲げて、その成果を評価するマネジメントは避けるべきです。

しかし、ファンづくりの活動を収益向上のKPIとしては設定しないものの、収益への影響度合いを評価することは重要です。この場合、1カ月や1年といった短期的な収益ではなく、中長期の視点でLTV（Life Time Value）を尺度とし、ファンづくりのKGIが将来のLTVにどのように影響を与えているかを評価すべきです。ここでは、NRSをベースにしたロイヤルティスコアから収益効果を評価する方法について解説します。

まず、アンケート結果からリピーター、中立者、離反リスク者の割合を集計し（詳細は2-2-1、P57を参照）、それらをグラフ化します。**図表4-2**のNRSは、（リピーターの割合）－（離反リスク者の割合）です。

このグラフは、ロイヤルティの総合評価に利用されます。この結果を使って以下のワークをすることで収益効果を評価します。

①CRM（Customer Relationship Management）情報などからアンケート回答者の過去1年間の購買金額を紐付けする

②リピーター、中立者、離反リスク者のカテゴリごとに過去1年間の購買金額を合算して合計を出す

第4章

分析編

③アンケート回答者の購買金額全体を100%として、リピーター、中立者、離反リスク者の購買金額のシェア（%）を算出しグラフ化する（**図表4-3**）

　過去1年間の購買金額を継続利用意向別売上換算にすることで、収益効果の評価の解釈が可能となります。継続利用意向が高いリピーターの売り上げは、来年も維持され、さらに増える期待が持てると解釈できます。これを「良い売上」と呼びます。継続利用意向が中程度の中立者の売り上げは、来年の動向が不確定な「不確実な売上」と呼びます。また、継続利用意向が低い離反リスク者の売り上げは、来年は失われる可能性が高いことから、「悪い売上」と呼びます。

■ 将来のLTVに対する影響度を評価する

　「良い売上」「不確実な売上」「悪い売上」は、いずれも短期的視野かつ購買者づくりのマーケティングにおいては、今年の売上成果として

図表4-2　ロイヤルティ評価（NRS）

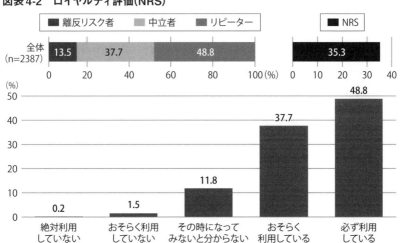

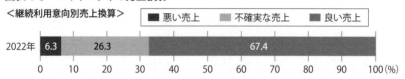

図表4-3　ロイヤルティの売上換算

＜継続利用意向別売上換算＞　■ 悪い売上　■ 不確実な売上　■ 良い売上

評価されます。いわゆるワンタイムバリュー（One Time Value）の視点です。ECサイトなどで、CVR（Conversion Rate）を重要指標としてコンテンツや導線設計の施策を講じるのは、One Time Valueの極大化を目指す購買者づくりの短期的視野の取り組みであり、売り上げの裏に隠れているお客様の気持ちはあまり関係ありません。

　一方、ファンづくりの中期的視野では、ライフタイムバリュー（LTV）が重要であるため、同じ売り上げでもお客様の気持ちによって評価が異なります。「良い売上」は、LTVへ好影響を及ぼす売り上げである一方で、「悪い売上」は、来年は消失する可能性がありLTVへ悪影響を及ぼす売り上げです。つまり、この「悪い売上」比率は、年商の何％が将来消失する危険性があるかを定量化したものです。

　この売上換算比率を経年で確認することで、さらに考察が深まります。収益効果を増すためには2つの要因があります。1つはロイヤルティスコア（この例であればNRS）が向上すること、もう1つは、ロイヤルティが高いお客様の1年間の購買単価が、そうでないお客様よりも増えることです（**図表4-4**）。

　お客様の過去数年のLTVを試算した評価のレポートはよく見かけますが、LTVにおいては将来が重要です。この1年間の活動が将来のLTVへどう影響を及ぼしているかを評価することで、ファンづくり

の活動を収益効果で評価する深い考察が可能となります。筆者のプロジェクトにおいても、NPSやNRSといったロイヤルティ指標だけの説明の際には興味を示さなかった経営者が、この収益効果評価を利用して、「貴社の年商のXX％は来年なくなるかもしれない経営をしています」と警告をすると、急に前のめりに聞き始めるケースがよくあります。そして、「そのためにはファンづくりや満足度向上活動が重要で

図表4-4　収益効果経年比較

<継続利用意向別年間購買単価 推移>

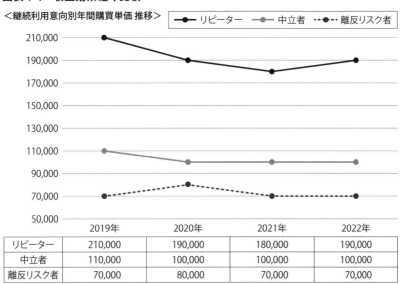

	2019年	2020年	2021年	2022年
リピーター	210,000	190,000	180,000	190,000
中立者	110,000	100,000	100,000	100,000
離反リスク者	70,000	80,000	70,000	70,000

<継続利用意向別売上換算>

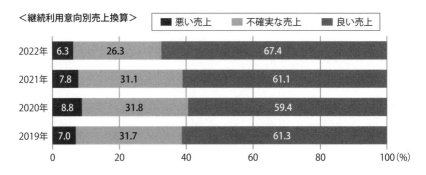

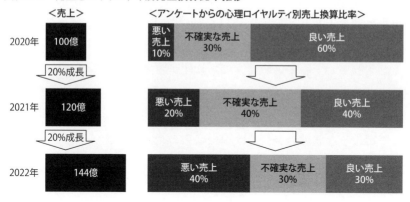

図表4-5　売上とロイヤルティ別売上換算比率推移

<アンケートからの心理ロイヤルティ別売上換算比率>

	<売上>	
2020年	100億	悪い売上 10% / 不確実な売上 30% / 良い売上 60%
↓ 20%成長		
2021年	120億	悪い売上 20% / 不確実な売上 40% / 良い売上 40%
↓ 20%成長		
2022年	144億	悪い売上 40% / 不確実な売上 30% / 良い売上 30%

す。重要なドライバーは……、重要な顧客体験は……」と続けると、経営者にも納得のいく説明になります。

ケーススタディ　いけいけどんどんのベンチャー企業

　お客様第一主義をモットーに掲げる創立10年目のベンチャー企業は、直近3年間の売り上げが年率20%で成長し、素晴らしい業績を達成しています。

　この企業のお客様に、ロイヤルティアンケートを実施しました。さらに、この企業に対するお客様のロイヤルティスコアを売上換算しました（**図表4-5**）。この結果からは、「良い売上」比率が下がり、「悪い売上」比率が年々上がっており、必ずしも素晴らしい経営とは言えないことが分かります。

　これは極端な例ですが、急成長している企業にはありがちな結果です。One Time Value の購買者づくり視点では優秀な経営をしていますが、Life Time Value のファンづくりの視点では、リスクの高い経

営をしていると言わざるを得ません。ベンチャー企業が、既存顧客の満足度向上よりも、新規顧客獲得や事業規模拡大に力を入れている場合、リスクを認識しながら中期的視点で今後ファンづくりにも注力する経営判断ができている企業であれば問題ありませんが、一般的には将来破綻を招くリスクが大いにあります。

このような状態の企業では、BtoC系の企業であれば、売り上げを伸ばすためにキャンペーンやセールを繰り返して利益率が悪くなっている可能性があります。BtoB系の企業であれば、営業組織が高いノルマで売上至上主義の営業活動を行い、お客様の問題解決といった思考が不足している可能性があります。また、どちらの企業も、社員が成功報酬以外の魅力を感じず、仕事へのモチベーションが低下している可能性があります。

企業は「売り上げはお客様が満足した証だ」と都合のよい解釈をしがちです。しかしながら、実際には、満足高くお金を支払ったお客様もいれば、そうではないお客様もいます。「ずっとこの企業とつながりたい」と思うお客様もいれば、「今回は買ったけれど、次からは買わない」と考えるお客様もいます。お客様から得られた収益を、お客様の気持ちに換算して評価することで、企業の将来リスクの認識や戦略に生かすことが重要です。

4-3 3つの分析レポートから考察する

4-1（P122）では全体のレポート体系を説明しましたが、ここでは、その中で主要な3つの分析レポートから施策につながる考察を導く手

順を解説します。

◤ 4-3-1　ドライバーマッピング分析

　ドライバーの満足度と琴線感度の2つの指標を用いた散布図にド
ライバー体験率を加えることで、該当ドライバーの強み度合いを把握
し、対策の方向性を確認します。

■ ロイヤルティドライバーの強み度合いを把握する

　横軸にドライバー満足度、縦軸にドライバー琴線感度を配置し、各
ドライバーの散布図を作成します。また、散布される円の大きさは体
験率の高さで表現されます。ドライバー琴線感度は、高い満足度を提
供できた場合のロイヤルティスコアのため、強みのポテンシャルと解
釈でき、ドライバー満足度は、どれだけ高い満足が提供できたかを示
すスコアのため、ポテンシャルの発揮度合いと解釈できます（詳細は
5-1-2、P183参照）。SaaS事業者を例にドライバーマッピング分析図を
図表4-6に示します。

　このマッピング図はロイヤルティドライバーの強み度合いを表現し
ています。強みポテンシャルが高くてポテンシャルが発揮されている
位置、すなわち右上にあるほど、強み度合いが高いドライバーと判断
できます。さらに体験率が高い（すなわち、円の大きさが大きい）場合、
その強みが量的に全体に与える影響度合いが高く、強みの程度も高い
と判断できます。したがって、最強のドライバーは右上に存在して円
が大きいドライバーとなります。図表4-6の例だと、ユーザーコミュ
ニティの強み度が最も高いが、体験率は3.6%と量的に全体に与える
影響度合いは低いと判断されます。

図表4-6 ドライバーマッピング分析(SaaS事業者での例)

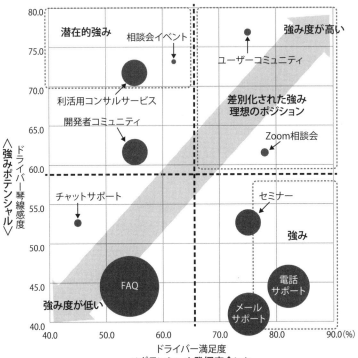

ロイヤルティドライバー	n数	満足度(Top2率)	琴線感度(Top2NRS)	体験率
Zoom相談会	135	78.0%	62.0	4.7%
セミナー	390	75.0%	53.1	13.7%
ユーザーコミュニティ	103	75.0%	77.3	3.6%
相談会イベント	87	62.0%	73.6	3.1%
開発者コミュニティ	504	55.0%	62.1	17.7%
電話サポート	966	82.0%	45.0	34.0%
メールサポート	871	75.0%	41.4	30.6%
チャットサポート	73	45.0%	53.1	2.6%
FAQ	1,760	54.0%	45.0	61.9%
利活用コンサルサービス	364	55.0%	72.2	12.8%
	平均	65.6%	58.5	

全体のロイヤルティスコア		30.8	

さらに、横軸、縦軸の平均値で線を引き、4象限に分類します。これで各象限の特徴が表現できます。右上の象限にマッピングされるドライバーは、ポテンシャルが高く、さらにポテンシャルが大いに発揮されているため、差別化された強みを持ったドライバーと言えます。右下の右半分の象限にマッピングされるドライバーは、ポテンシャルは比較的高くはないが、そのポテンシャルが大いに発揮されているため、強みになっているドライバーと言えます。図表4-6の例では、電話サポートがこれにあたります。

　なお、ドライバー琴線感度が低いからといって、強みのポテンシャルがないと判断しないことが重要です。ドライバー琴線感度とは、高い満足を示したお客様を対象としたドライバー満足度調査のロイヤルティスコアです（詳細は2-2-2、P66参照）。したがって、ドライバー琴線感度の値が全体のロイヤルティスコアよりも高ければ、強みのポテンシャルは持っていると判断します。この例では、全体のロイヤルティスコア（NRS）が30.8であるため、すべてのドライバーに強みのポテンシャルがあると評価されます。したがって、右下の右半分の象限のドライバーは他のドライバーと比べると強みのポテンシャルは低いが、ポテンシャルは持っていて、むしろそのポテンシャルが大いに発揮されているため、強みのドライバーと判断しています。

　一方、左上の上半分の象限にマッピングされるドライバーは、ポテンシャルは比較的高いものの、それが十分に発揮されていないため、潜在的な強みを持つドライバーと言えます。これは「能ある鷹は爪を隠す」という状態に例えられます。図表4-6の例では、相談会イベントおよび利活用コンサルサービスがこれにあたります。

■ ドライバーに対する３つの施策の方向性

　ドライバーマッピング分析により、各ドライバーの現在のポジションが明らかになり、施策の方向性が把握できます。

- 施策の方向性１：ポテンシャルの発揮度合いを高める

　ドライバーを右にシフトさせることを目指し、すなわちドライバー満足度の向上施策を実施します。ポジティブ体験を増やし、ネガティブ体験を減らすことが重要です。どの体験に注力すべきかは、後述する個別ドライバー分析とドライバー別ネガ・ポジ体験分析を基に決定します。

- 施策の方向性２：強みポテンシャル度合いを高める

　ドライバーを上にシフトさせることを目指し、すなわちドライバー琴線感度の向上施策を実施します。ドライバー琴線感度を向上させるためには、お客様の心に響く感動体験を増やすことが重要です（詳細は5-1-2、P183参照）。どの体験に注力すべきかは、後述する個別ドライバー分析とドライバー別ネガ・ポジ体験分析を基に決定します。

- 施策の方向性３：体験頻度を高める

　散布されたドライバーの円の大きさを大きくすることを目指します。具体的には、ドライバーの存在をお客様に認知していただき、体験のメリットをお客様に訴えかけることで体験率を向上させます。どのようなメリットを訴求するかは、個別ドライバー別ネガ・ポジ体験分析のポジティブ体験を参考にします。

■ 優先的に取り組むドライバーは？

　ドライバーマッピング分析の結果を報告した際に、クライアントから「どのドライバーに注力すべきか？」という質問を受けることがよ

くあります。これに対し、「基本的にはすべてのドライバーですが、取り組む方向性が異なります。効果的に取り組むための優先順位がある場合でも、それを決定するのは意思決定であり、貴社の状況を考慮しながらディスカッションを通じて決定しましょう」と回答します。

実際には、優先順位を判断する視点は多岐にわたります。

- 現在、差別化された強みを持っているドライバーに注力
  例えば、図表4-6においては、ユーザーコミュニティに注力し、体験率を増やして影響力を拡大することが1つの選択肢です。
- 強みポテンシャルが高いドライバーに注力
  例えば、図表4-6においては、相談会イベントや利活用コンサルサービスに注力し、ドライバーの満足度と体験率を向上させることが考えられます。
- 現在、体験率が高く全体の影響力が高いドライバーに注力
  また、図表4-6においては、円の大きさが大きいFAQや電話サポート、メールサポートに注力し、ドライバーの満足度や琴線感度を向上させることも1つの方法です。
- 差別化された強みにシフトしやすいドライバーに注力
  さらに、まだ手がつけられておらず、対策が実施しやすいドライバーに焦点を当てることも選択肢の1つです。
- 今は強み度は低いが重要なドライバーに注力
  例えば、図表4-6においては、市場からのニーズが高く、適用技術の可能性も高いチャットサポートに注力し、差別化された強みへの移行を目指すことも選択肢の1つです。

ドライバーに対する施策は、どの事業の選択と集中を図るか、といったトレードオフの関係ではありません。基本的には、どのように

すればすべてのドライバーが理想のポジションに近づくかを検討し、実行することが重要です。その中で、効果的に全体のロイヤルティを向上させる方法や自社の強みを議論しながら、投資が必要な施策に対して優先順位を決定していくべきです。

◤ 4-3-2　個別ドライバー分析

ドライバーマッピング分析で各ドライバーの強みと施策の方向性が確認できれば、次に個別ドライバー分析でドライバーの詳細な分析を行います。

■ 体験の有無、満足度レベルでロイヤルティを比較する

個別ドライバー分析では、ドライバーの体験有無や、体験者のドライバー満足度の違いによってロイヤルティスコアを分解して表現します。4-3-1で解説したドライバーマッピング分析で例示した中のドライバー「電話サポート」を対象に作成した個別ドライバー分析が**図表4-7**です。本図表を例に解説します。

まず、電話サポートは、ドライバーマッピング分析では右下の第Ⅲ象限であることを確認し、全体の施策の方向性を見定めておきます（詳細は4-3-1、P131を参照）。それから顧客全体のロイヤルティスコア（この例ではNRS）は30.8です。ここからこのロイヤルティスコアを分解します。

まず、過去1年間で電話サポートを体験したお客様の割合は34.0％、コールセンターは知っているが問い合わせをしたことがないお客様は40.0％、コールセンターを知らないお客様は26.0％となります。そ

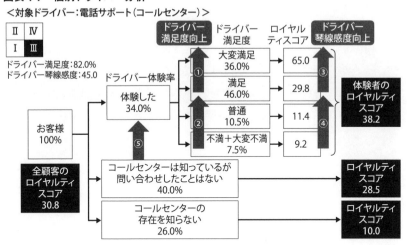

図表4-7　個別ドライバー分析

＜対象ドライバー：電話サポート（コールセンター）＞

して、それぞれのグループのロイヤルティスコアは38.2、28.5、および10.0になります。この数値から、電話サポートへの関与が高いお客様ほどロイヤルティは高いということが分かります。すなわち、電話サポートはロイヤルティを高めるドライバーとして価値を発揮していることが分かります。

　次に、同様に電話サポートを体験したお客様の満足度レベルの比率とロイヤルティスコアを見ます（図表4-7のドライバー満足度とロイヤルティスコアを参照）。すると、大変満足レベルに達したお客様のロイヤルティスコアは非常に高いことが分かります。一方で、普通以下の満足度レベルだったお客様のロイヤルティスコアは非常に低く、満足レベルのお客様は全体のロイヤルティスコアと同等レベルであることが分かります。

　これらの事実から考察すると、

- 電話サポート全体はロイヤルティに対して寄与しています。
- その理由は、電話サポートを体験したお客様が大変満足している比率がそこそこ高く、また、そのお客様のロイヤルティが非常に高いからです。
- ただし、満足レベル以下のお客様のロイヤルティは高くなく、特に普通以下のお客様は全体のロイヤルティを下げる要因となっています。
- 本ドライバーは右下の第Ⅲ象限で、しかもドライバー満足度は82.0%と非常に高いレベルであり、ドライバーとしては強みを発揮しているため、さらに強みを増して右上の第Ⅳ象限にシフトするためには難易度が高い施策が必要と想定されます。

■ どのスコアに焦点を当てて向上させるか決める

　数値の分解から事実の認識が終わったら、次にどのスコアの向上が効果的かを判断します。図表4-7の①～⑤の順に以下に説明します。

①満足レベルのお客様を大変満足レベルまで上げる

　ドライバーとして満足度レベルは高いが、大変満足レベルまで達成しないとロイヤルティには好影響を与えられないケースです。本事例での電話サポートはこれにあたります。

②普通以下の満足度レベルのお客様を満足レベルまで上げる

　ドライバーとして満足度レベルが低く、不満を解消して満足度レベルの底上げが必要なケースです。

③満足度の高いお客様のロイヤルティスコアを上げる

　ドライバー琴線感度が低く、ロイヤルティへの影響度合いが低いケースです。本事例での電話サポートはこれにあたります。

④満足度の低いお客様のロイヤルティスコアを上げる

　ドライバーの満足度の低さとその割合の多さがロイヤルティへ悪

影響を及ぼしているケースです。

⑤ドライバーの体験率を上げる

　ドライバー全体ではロイヤルティに好影響を及ぼしているが、体験率が低くて量的な視点で全体のロイヤルティにあまり影響がないケースです。

　個別ドライバー分析で数値を分解することで、どのスコアに注力すべきかが明らかになります。

■注力すべきスコアと顧客体験の関係性を把握する

　注力するスコアを向上させるためには、どのような顧客体験に力を注ぐべきかを把握しておくと、ドライバー別ネガ・ポジ体験分析を有効に活用できます。図表4-7の①〜⑤の順に以下に説明します。

①満足レベルのお客様を大変満足レベルまで上げる

　満足度が高まりそうなポジティブ体験に注力して、その頻度を上げる施策を講じることが重要です。横展開しやすいポジティブ体験や、感動体験がこれにあたります。

②普通以下の満足度レベルのお客様を満足レベルまで上げる

　満足度が下がっている要因としてのネガティブ体験に注力して、その頻度が下がる施策を講じることが重要です。体験頻度が高いネガティブ体験や落胆体験がこれにあたります。

③満足度の高いお客様のロイヤルティスコアを上げる

　お客様の心に良く響いている感動体験に注力して、その頻度を上げる施策を講じることが重要です。体験琴線感度が高いポジティブ体験がこれにあたります。

④満足度の低いお客様のロイヤルティスコアを上げる

　お客様の心に悪く響いている落胆体験に注力して、その頻度を下

げることが重要です。体験琴線感度が低いネガティブ体験がこれにあたります。

⑤ドライバーの体験率を上げる

　未体験のお客様に対して、興味を示していただけるポジティブ体験をアピールすることが重要です。体験頻度が高いポジティブ体験や体験琴線感度が高い感動体験の中から、プロモーションとして使える体験がこれにあたります。

　上記の留意点を踏まえて、図表4-7の例の電話サポートでは以下の考察ができます。

- マッピング分析から、右下の第Ⅲ象限から右上の第Ⅳ象限への移行策、すなわちドライバー琴線感度向上策が優先されます。
- ドライバー琴線感度の向上は、満足レベル以上のお客様のロイヤルティスコアを向上させる必要があります。
- さらに電話サポートでは、満足レベルのお客様を大変満足レベルまで移行することでも大幅なドライバー琴線感度の向上が期待できます。
- 電話サポートは体験率が34%と高くないため、体験率の向上で量的に全体のロイヤルティ向上に寄与できます。
- 以上のことから、注力すべきスコアは、①と③および⑤となります。
- ①、③のスコアを上げるためには、これまでの電話サポート品質を超える、お客様の心に響くハイレベルなサービス品質を提供しなければなりません。
- そのためには、ポジティブ体験の中でも感動レベルの高い体験に注力して、その頻度を高める施策を講じる必要があります。これにより、①、③のスコアがともに上がっていくと想定されます。

- 感動レベルが高い体験は、6つのサービス品質で言うと、共感性、柔軟性、安心感が発揮されたポジティブ体験であると想定されます（詳細は5-4、P204を参照）。
- ドライバー別ネガ・ポジ体験分析では、上記のような視点を踏まえた考察をしていくべきです。

個別ドライバー分析の考察が終わったら、次に具体的な施策につながるドライバー別ネガ・ポジ体験分析に移ります。

◤4-3-3　ドライバー別ネガ・ポジ体験分析

ドライバーマッピング分析で各ドライバーの強みと施策の方向性を確認し、個別ドライバー分析でどのスコアやどんな種別の顧客体験に注力すべきかを検討しました。最後に具体的にどんな顧客体験に注目して施策を打っていくべきかを判断していきます。

■ 体験頻度でランキングし、体験琴線感度を加える

ドライバー別ネガ・ポジ体験分析の結果は、グラフではなくリスト形式で表現すると分かりやすいです。個別ドライバー分析で事例として取り上げたドライバー「電話サポート」を例に、ドライバー別ネガ・ポジ体験分析を**図表4-8**を使って解説します。

アンケートで評価された顧客体験をリスト化し、チェック率、すなわち体験頻度でランキングして並べます。さらに、各顧客体験にチェックしたお客様を母数にした心理ロイヤルティスコア、すなわち体験琴線感度を加え、完成させます。体験琴線感度の解釈では、ネガティブ体験は数値が低いほど落胆度合いが高く、ポジティブ体験は数値が高いほど感動度合いが高いと解釈します（詳細は2-2-3、P72を参照）。次に、最も落胆度が高い体験と最も感動度が高い体験を白抜き

で反転しておきます。

　例えば、ポジティブ体験のランク8にある「我社の運用状況に合わせて柔軟に対応してくれて良いと思ったことがある」という体験は、体験頻度が15.8%と他のポジティブ体験に比べて少ないものの、体験琴線感度は高く、感動体験No.1であり心理ロイヤルティへの影響度

図表4-8　ネガ・ポジ体験分析

＜対象ドライバー：電話サポート（コールセンター）＞

ランク	**落胆体験No.1** ネガティブ体験	体験頻度	琴線体験感度		ランク	**感動体験No.1** ポジティブ体験	体験頻度	琴線体験感度
1	問い合わせたが混み合っていた（つながらなかった）ことがある	16.6%	21.9		1	電話がすぐにつながって良いと思ったことがある	62.2%	45.2
2	問い合わせ先が分かりづらいと感じる	10.1%	31.6		2	対応者の説明の仕方が丁寧で良いと思ったことがある	42.8%	42.1
3	休日/夜間の体制が不十分だと感じる	9.0%	27.6		3	担当者に技術的な知識があって良いと思ったことがある	40.0%	48.1
4	自社の質問や要望の意図を汲んでもらえないと感じたことがある	7.9%	27.6		4	対応者の応対が明るくて好感がもてたことがある	25.3%	42.3
5	回答を得られるまでに時間がかかりすぎると感じたことがある（保留の回数や折り返し対応など）	7.6%	21.9		5	担当者が親身になって対応をしてくれたことがある	32.3%	55.0
6	担当者の製品知識やスキルが不足していて、欲しい回答が返ってこないと感じたことがある	6.1%	11.9		6	返事のレスポンスが早いと思ったことがある	20.2%	40.2
7	担当者の説明が分かりづらい（専門用語が多いなど）と感じたことがある	2.8%	-7.4		7	補足の案内や提案をしてもらい協力的だと思ったことがある	18.2%	52.1
8	担当者が自信のない話し方をしていて不安を抱いたことがある	2.3%	4.5		8	我社の運用状況に合わせて柔軟に対応してくれて良いと思ったことがある	15.8%	68.9
					9	営業時間外でも対応してもらい助かったことがある	10.8%	52.0
					10	質問以外の情報やサポート対象外の情報も提供してもらい助かったことがある	9.2%	60.2

合いが高いと解釈できます。

■一般的な施策に対する考察の仕方

ドライバー別ネガ・ポジ体験分析は、顧客接点現場のスタッフにとって非常に有益なレポートとなります。自分たちが洗い出した顧客体験（3-3、P93参照）に対してお客様からのフィードバックが得られたことで、本レポートの結果を基にした施策立案に対するモチベーションが向上します。ドライバーマッピング分析や個別ドライバー分析の結果を参考にしなくても、さまざまな施策への考察が可能です。

＜ネガティブ体験リストの考察方法＞

ネガティブ体験が減ることでドライバーの満足度が上昇します。そのため、高い体験頻度のネガティブ体験に注目し、体験頻度を下げる取り組みが必要です。また、体験によっては簡単に減らせるものと難しいものがあるので、減らしやすい体験を優先する判断も適切です。特に、体験琴線感度が低く、落胆度が高い体験を減らすことが効果的です。したがって、体験琴線感度が低く、体験頻度が高いネガティブ体験を優先的に対策すると良いでしょう。

＜ポジティブ体験リストの考察方法＞

ポジティブ体験が増えることでドライバーの満足度が上昇します。体験によっては増やしやすいものと難しいものがあるので、増やしやすい体験を中心に、体験頻度を上げる取り組みが必要です。特に、体験琴線感度が高く、感動度が高い体験を増やすことが効果的です。したがって、体験琴線感度が高く、体験頻度が低いポジティブ体験を優先的に対策すると良いでしょう。

■ 個別ドライバー分析結果に基づく考察

ドライバー別ネガ・ポジ体験分析は、単独で施策につながる考察ができますが、個別ドライバー分析結果を考慮することで、全体のロイヤルティ向上に対してより効果的な施策の検討が可能になります。以下では、図表4-7および図表4-8に示した事例をもとに説明します。

図表4-7の個別ドライバー分析により、最初に注力すべきスコアは①と③であることが分かり、それゆえに注力すべき顧客体験は感動体験であると考察しました（P140参照）。その結果を基に個別ドライバー別ネガ・ポジ体験分析で、感動体験がどれかを確認します。図表4-8では、感動体験度合いの指標である体験琴線感度が高い体験のトップ3は以下のとおりです（点線枠で囲った体験）。

• Top 1

　我社の運用状況に合わせて柔軟に対応してくれて良いと思ったことがある

• Top 2

　質問以外の情報やサポート対象外の情報も提供してもらい助かったことがある

• Top 3

　担当者が親身になって対応をしてくれたことがある

電話サポートは、この３つのポジティブ体験頻度が高くなる、すなわち今まで以上に多くのお客様にこの３つの体験をする具体的な施策を講じることで、効率的に本ドライバーの大変満足レベルが増え、ドライバー琴線感度が向上します。その結果、ドライバーマッピング分析でマッピングされた第Ⅲ象限（右下）から第Ⅳ象限（右上）にシフト

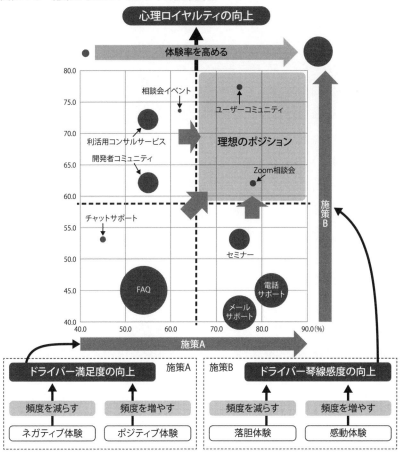

図表4-9　施策と心理ロイヤルティの因果関係

心理ロイヤルティの向上

体験率を高める

理想のポジション

相談会イベント

ユーザーコミュニティ

利活用コンサルサービス

開発者コミュニティ

Zoom相談会

チャットサポート

セミナー

FAQ

電話サポート

メールサポート

施策A

施策B

施策A		施策B	
ドライバー満足度の向上			ドライバー琴線感度の向上
頻度を減らす	頻度を増やす	頻度を減らす	頻度を増やす
ネガティブ体験	ポジティブ体験	落胆体験	感動体験

して、差別化された強みのドライバーになる、というシナリオが描けます。これが、心理ロイヤルティの構造化、定量化に基づいた科学的アプローチと言えます。

■ 3つの分析レポートでの作業内容まとめ

図表4-9では、ドライバーマッピング分析、個別ドライバー分析、ド

ライバー別ネガ・ポジ体験分析における各考察の因果関係をまとめています。この因果関係を考慮しながら、以下の３つのステップで考察を進めていきます。

Step 1：ドライバーマッピング分析

全体の心理ロイヤルティを向上させるためには、各ドライバーの強み度合いと施策の方向性を確認する。

Step 2：個別ドライバー分析

施策の方向性を踏まえて、各ドライバーでどのスコアに注力すべきかを判断する。

Step 3：ドライバー別ネガ・ポジ体験分析

注力すべきスコアを向上するためには、どの顧客体験に注力すべきかを判断する。

■ 具体的な施策を立案し実行する

注力すべき顧客体験が決まったとしても、具体的な施策がすぐに実行できるわけではありません。顧客接点現場のスタッフを交えて、ネガティブな体験を減らし、ポジティブな体験を増やすための施策を立案する必要があります。顧客接点現場のスタッフに対する啓蒙や教育、ルールの徹底、研修制度の充実、標準化・マニュアル化、デジタル化による仕組みの提供、評価制度の見直し、新しいサービスの開発など、さまざまな視点でアイデアを策定します。そしてその施策に関しても優先順位づけを行って、アクションにつなげていくことになります。

本書は、アセスメントの方法論を主題とした内容のため、アセスメント結果を受けての施策立案手順やまとめ方、施策実行の仕方、実行中のモニタリングなどに関しては言及していませんが、ロイヤルティ

向上プロジェクトという広い視野では重要な活動です。筆者の前著
『心理ロイヤルティマーケティング』に若干記載していますので、参考
にしてください。また、筆者にお問い合わせください。

4-4 顧客セグメント分析

　前述の3つのレポートによる分析でメインセグメントの考察は可能
ですが、構造化した顧客ロイヤルティを顧客セグメント間で比較する
ことで、より深い考察が可能になります。メインセグメントのロイヤ
ルティを向上させるには、どの顧客セグメントに特に注力すべきか、
また、その顧客セグメントのロイヤルティを向上させるためにどのド
ライバーに注目すべきかを検討します。

■ ロイヤルティスコアを顧客セグメント間で比較する

　顧客セグメントごとのロイヤルティスコアを集計し、顧客セグメン
ト間の回答者数の比率を確認します。アンケート回答者数の比率を参
考に、自社全体の顧客セグメントの比率を類推できます。性別、年齢、
会員ランクでの比率は顧客情報から把握できますが、顧客情報では管
理していない心理学的属性でのセグメント（詳細は3-2、P87参照）も、
比率を確認することで新たな発見があります。

　次に、セグメント間のロイヤルティスコアを比較します。セグメン
ト間でロイヤルティに差があるかどうか、どのセグメントのロイヤル
ティが高く、どのセグメントのロイヤルティが低いかを確認します。
自社が重点ターゲットとしているセグメントや比率が多いセグメント
のロイヤルティが高いかを確認することも必要です。

図表4-10は、百貨店における年代別のロイヤルティ（NPS）比較です。
60代以上は、回答者の比率は高いが、ロイヤルティスコアが低い一
方で、現在、力を入れている30代は、回答者の比率は低いがロイヤル
ティスコアは高いことがわかりました。

　また、ロイヤルティドライバーの体験頻度を顧客セグメントとして
定義し、比較することも効果的です。個別ドライバー分析を補完する
役割があります。**図表4-11**は、百貨店におけるEC利用頻度別のロイ
ヤルティスコア比較です。ECを利用したことがないお客様の割合は
80％以上ですが、EC利用頻度が高いお客様ほど、百貨店に対するロイ
ヤルティが高いことがわかりました。ECに対して積極的に取り組む
根拠として使える分析データです。

■ ドライバー満足度と琴線感度を顧客セグメント間で比較する

　顧客セグメント間でロイヤルティを比較することは多くの発見につ

図表4-10　顧客セグメント別ロイヤルティスコア（年代別）

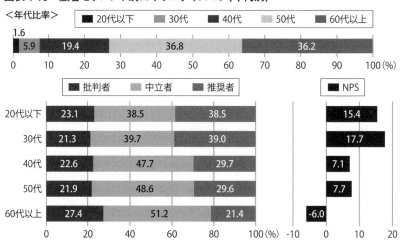

図表4-11　顧客セグメント別ロイヤルティスコア(EC利用頻度別)

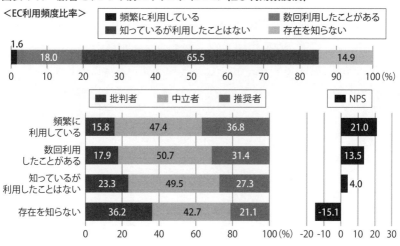

<EC利用頻度比率>

凡例：
- ■ 頻繁に利用している
- ■ 数回利用したことがある
- ■ 知っているが利用したことはない
- ■ 存在を知らない

1.6	18.0　65.5　14.9

0　10　20　30　40　50　60　70　80　90　100(%)

凡例：■ 批判者　■ 中立者　■ 推奨者　　■ NPS

	批判者	中立者	推奨者	NPS
頻繁に利用している	15.8	47.4	36.8	21.0
数回利用したことがある	17.9	50.7	31.4	13.5
知っているが利用したことはない	23.3	49.5	27.3	4.0
存在を知らない	36.2	42.7	21.1	-15.1

0　20　40　60　80　100(%)　　-20 -10　0　10　20　30

ながりますが、さらにその原因を探るために、顧客セグメント間でドライバー満足度と琴線感度を比較することが重要です。通常、ロイヤルティが高いセグメントほど、ドライバー満足度と琴線感度も高くなります。以下が主な着目点です。

- 極端にドライバー満足度が低いドライバーは？
- ロイヤルティスコアの傾向と違ったスコアになっているセグメントのドライバーやセグメントは？
- セグメント間でスコアのバラつきの多いドライバーは？

　上記の着目点に注意しながら、メインロイヤルティのスコアを上げるには、どのセグメントのどのドライバーに注力した施策を打つのが効果的かを考察します。

　図表4-12は、百貨店における世代間の比較を示しています。ロイヤ

ルティスコアが低い60代以上のお客様のドライバー満足度と琴線感度は、全体的に低いことが分かります。また、「情報収集」「XX体験」「C売場」「EC購買」の世代間でのドライバー満足度のバラつきが大きく、60代は満足度が著しく低くなっています。さらに、ドライバー琴線感度は60代はかけ離れて低く、各ドライバーでの施策が60代の心

図表4-12　顧客セグメント別ドライバー満足度、琴線感度

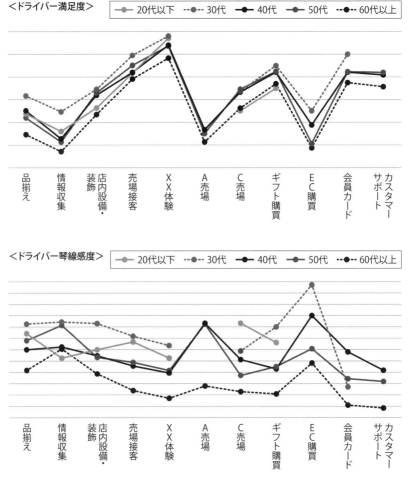

にはあまり響いていないと想定されます（解釈の仕方は5-1-2、P183参照）。

■ 顧客セグメント分析で陥るワナ

　顧客セグメント分析は、自社の強みや弱みになっているセグメントを特定するうえで効果的な方法です。また、自社がターゲットとしている顧客層のロイヤルティの確認や、想定していなかった新たなターゲット層が見つかるといった点でも有効です。ただし、分析だけに頼りすぎて実際の施策がセグメント別の顧客体験につながらない、あるいは効果の違いが見られないようなケースも存在します。

　例えば、世代間でロイヤルティの差が大きく、その要因の1つとして売場接客の満足度に大きなバラつきがあることが分かったとしましょう。その際に、世代間でお客様に対する接客方法を変えるような施策が現実的に可能かどうかを見極める必要があります。全体のお客様を対象とした3つのレポート（ドライバーマッピング分析、個別ドライバー分析、ドライバー別ネガ・ポジ体験分析）で示された施策以上に、セグメントによる違いに対応した施策が現実的に可能かどうかを検討する必要があります。ITを活用して来店顧客の世代を特定する仕組みの導入や、各世代別に違った接客マニュアルを作成し、研修によって世代別接客を習得するような施策を講じて満足度の低い世代の接客スキルを重点的に向上させる、といった施策がこれにあたります。

　世代別の分析は興味深い結果をもたらしますが、特にリアルな顧客接点の場合、具体的な施策への展開が困難なケースもよくあります。「このお客様世代はロイヤルティが低く、接客満足度も低いため注意して接客しよう」と思っておくぐらいが現実となるケースも多いです。

しかし、デジタルの世界では状況が異なります。顧客情報とリアルタイムに連携し、現在サイトに入っているお客様の年齢からロイヤルティが高まるコンテンツへ誘導する導線づくりも可能になります。デジタルの世界では、対面スタッフを通じた顧客体験向上施策よりも、容易かつ効果的な施策が可能となり、顧客セグメント分析結果を反映することが容易になります。

　顧客セグメント分析では、現実的な施策の可能性を考慮しながら、どこまで詳細に分析すべきかを判断する必要があります。

4-5 ケーススタディ

　筆者は、本方法論を用いて、多くの業界でアセスメントワークを実施してきました。その中には、うまく考察できず、試行錯誤しながら分析ワークを進めたケースもあります。また、業界に共通の現象を発見したり、思いもよらなかった発見もしました。ここでは、特に特徴的な分析や考察の事例を紹介します。なお、ロイヤルティドライバーの名称は抽象化して記載しています。また、具体的なスコアは隠していることをご了解ください。

■ ドライバーを分割してドライバーマッピング分析をする

　ドライバーマッピング分析の基本は、定義されたドライバーを1つの散布図にまとめることです。しかし、ドライバーが多くなることや性質の異なるものが混在し、理解が難しくなる場合、ドライバーを分割して複数の散布図にまとめて分析することが適切です。

図表4-13は、あるSaaS事業者でのロイヤルティドライバーマッピング分析です。この企業では、基本価値ドライバーを数多く定義しました。基本価値はすべてのお客様を対象とするため、体験率は100％です。また、基本価値に対する評価は見える化したいものの、施策の焦点は体験価値になります。そこで、体験率100％の基本価値と体験率が違う体験価値を分けたドライバーマッピング分析をしました（**図表4-14**）。

　ドライバーマッピング分析は、各ドライバーを比較し、強み度合いや対策の方向性を考察します。したがって、別々のグラフで分析をしたほうがメリハリのつく考察ができました。

　同様に、D2C系アパレル事業者のプロジェクトでは、28のロイヤルティドライバーを定義し、3つのカテゴリに分類してドライバーマッピング分析を実施しました（**図表4-15**）。特に、デジタルコミュニケーションが重要なD2Cビジネスでは、自社サイトのネットコンテンツがロイヤルティに大きな影響を与えるドライバーとなります。ネットコンテンツ系ドライバーを対象としたドライバーマッピング分析に、個別ドライバー分析やドライバー別ネガ・ポジ体験分析を追加することで、コンテンツごとの施策に対する詳細な考察が可能となりました。

■ ギフト購買体験は差別化されたドライバーになることが多い

　小売事業では、ギフト購買体験が差別化された強みとなるドライバーであることが一般的です。**図表4-16**は、食品系EC事業者におけるドライバーマッピング分析の例です。「ギフト購買」が差別化された強みとしてマッピングされています。さらに、この企業ではギフト購買体験者の体験率が高く、量的に全体のロイヤルティに好影響を与え

図表4-13　全ドライバーのマッピング分析（SaaS事業）

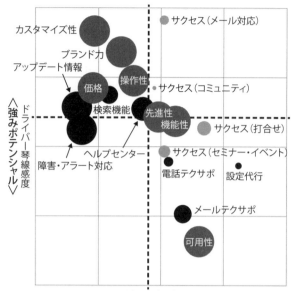

ドライバー満足度
<ポテンシャル発揮度合い>

カテゴリ		ロイヤルティドライバー
体験価値	テクサポ	アップデート情報
		ヘルプセンター
		検索機能
		障害・アラート対応
		電話テクサポ
		メールテクサポ
		設定代行
	カスタマーサクセス	サクセス（打合せ）
		サクセス（メール対応）
		サクセス（セミナー・イベント）
		サクセス（コミュニティ）
基本価値		先進性
		可用性
		機能性
		カスタマイズ性
		操作性
		価格
		ブランド力

図表4-14　ドライバーを分けたマッピング分析（SaaS事業）

<図表4-14　ドライバーを分けたマッピング分析（SaaS事業）>

<体験率100%のドライバー>

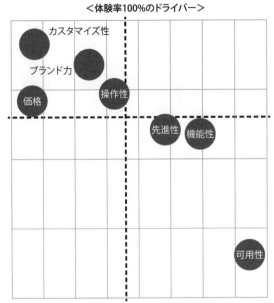

<体験率100%以外のドライバー>

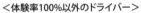

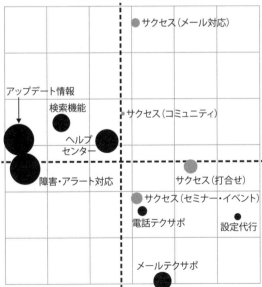

図表4-15 ドライバーを分けたマッピング分析（D2Cアパレル事業）

<体験率100%のドライバー>

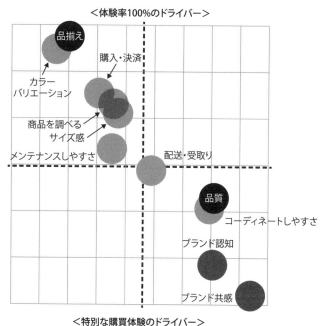

<特別な購買体験のドライバー>

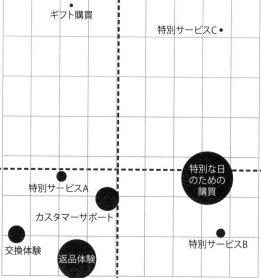

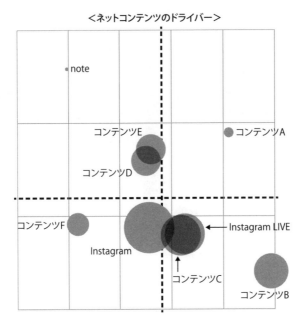

<ネットコンテンツのドライバー>

note

コンテンツE

コンテンツD

コンテンツA

コンテンツF

Instagram

Instagram LIVE

コンテンツC

コンテンツB

ているドライバーと言えます。

　また、**図表4-17**は百貨店Ｘ店舗における、ギフト利用頻度に基づ
く顧客セグメント分析です。Ｘ店舗でギフトを頻繁に利用するお客様
ほど、ロイヤルティが高いことが分かります。また、ギフト購買時に
必ず、または頻繁にＸ店舗を利用しているお客様は約30%存在し、ギ
フト購買が全体のロイヤルティに良い影響を与えています。

　ギフト購買は、人様に贈る商品を選ぶため慎重になり、特別な体験
です。特別な体験で満足度の高い対応を受けたお客様は感動を覚え、

図表4-16　ドライバーマッピング分析（食品EC）

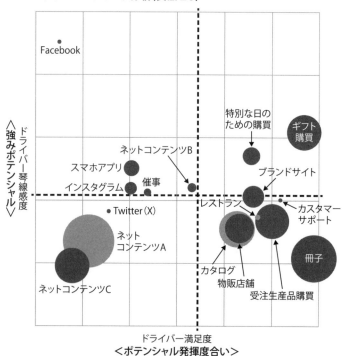

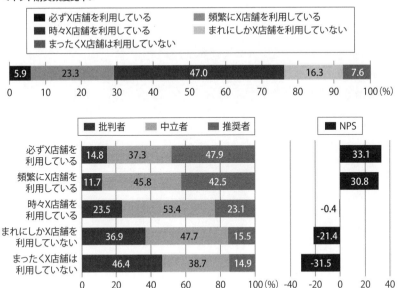

図表4-17　顧客セグメント分析（百貨店／ギフト購買頻度）

<ギフト購買頻度比率>

必ずX店舗を利用している	頻繁にX店舗を利用している
時々X店舗を利用している	まれにしかX店舗を利用していない
まったくX店舗は利用していない	

5.9	23.3	47.0	16.3	7.6

0　10　20　30　40　50　60　70　80　90　100(%)

	批判者	中立者	推奨者		NPS
必ずX店舗を利用している	14.8	37.3	47.9		33.1
頻繁にX店舗を利用している	11.7	45.8	42.5		30.8
時々X店舗を利用している	23.5	53.4	23.1		-0.4
まれにしかX店舗を利用していない	36.9	47.7	15.5		-21.4
まったくX店舗は利用していない	46.4	38.7	14.9		-31.5

0　20　40　60　80　100(%)　-40　-20　0　20　40

店舗に対するロイヤルティが向上します。そして、ギフト購買体験を繰り返すことで、ロイヤルティもさらに向上します。これらの結果は予想されていましたが、心理ロイヤルティの構造化と定量化によって証明されました。

　ギフト購買体験の事例は、筆者が調査した小売業者の多くで共通しています。この結果を受けて、ギフト購買体験を増やすことと、ギフト購買体験向上のための施策に取り組む事業者もいます。具体的には、接客現場でのギフト購買時の接客品質向上だけでなく、オンラインと実店舗のシナジー効果を生かしたオムニチャネル施策も考慮されます。WebチャットやLINEでギフトに関する相談に対応し、実際の商品を店舗で見ることができるように取り置き手配を行い、相談内容

を店舗スタッフに引き継ぎます。お客様が来店時に実際の商品を見ながら追加の相談に応じて最終決定するといった接客プロセスが実現します。このような体験を提供することで、お客様の満足度が高まり、店舗に対するロイヤルティがさらに向上することでしょう。

■ SaaS事業の成功要因はカスタマーサクセスにあり！

サブスクリプションモデルのSaaS事業者にとって、既存顧客の離反防止は経営上の重要な成功要因であり、「カスタマーサクセス」というコンセプトが業務や組織として登場しています。

SaaS事業者H社のプロジェクトでは、**図表4-18**のようなプロセスViewベース（詳細は3-1、P78参照）の体験価値のロイヤルティドライバーを定義しました。

ここで注目すべきドライバーは、オンゴーイングの「設定代行」とカスタマーサクセスの「運用自立支援」です。設定代行は、お客様に代わってシステムの設定を実施する支援業務であり、運用自立支援は、お客様が自身で設定変更などの運用ができるように支援する業務です。すなわち、この2つは支援する内容が相反するドライバーと言えます。このため、どちらのドライバーに注力することが全体のロイヤルティ向上に効果的かという疑問が生じます。

図表4-19は、このSaaS事業者における自立度合いによる顧客セグメント分析です。この分析から、自立度合いが高いほどロイヤルティスコアも高いことが明らかになりました。ベンダー側から見ると、ベンダーにおまかせ状態のほうが、自分たちは頼られていると感じ、ロイヤルティが高くなると考えがちですが、実際には逆の結果が得られ

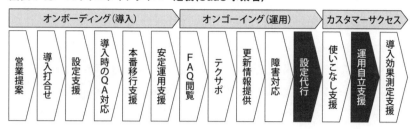

図表4-18　ロイヤルティドライバー定義（SaaS事業者）

オンボーディング（導入）　　　オンゴーイング（運用）　　カスタマーサクセス

営業提案　導入打合せ　設定支援　導入時のQA対応　本番移行支援　安定運用支援　FAQ閲覧　テクサポ　更新情報提供　障害対応　設定代行　使いこなし支援　運用自立支援　導入効果測定支援

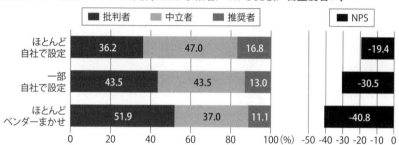

図表4-19　顧客セグメント分析（SaaS事業者／NPS比較／自立度合い）

■ 批判者　　■ 中立者　　■ 推奨者　　　　　　■ NPS

	批判者	中立者	推奨者	NPS
ほとんど自社で設定	36.2	47.0	16.8	-19.4
一部自社で設定	43.5	43.5	13.0	-30.5
ほとんどベンダーまかせ	51.9	37.0	11.1	-40.8

ました。

　さらに、顧客セグメント分析において、自立度合いによるドライバー満足度を比較しました（**図表4-20**）。この結果から、ほとんどベンダーまかせにしているお客様（点線）は、「設定代行」以外のほとんどのドライバーは満足度が最も低いことが分かりました。また、プロダクトの機能などに関する基本価値のドライバーの満足度も全般的に低く、「価格」に関しては特に満足度が低いことが分かりました。

　この2つの分析結果からSaaS事業に対する以下のような考察が得られます。

- お客様の手間を省く設定代行などの丁寧な支援サービスを提供しているからといって、自社のプロダクトや支援サービスに対する満足度が高まるわけではありません。
- ベンダーに頼り切ったお客様は囲い込みができており、離反リスクが低いと考えるのはベンダー側の誤解であり、実際には自立していないお客様のロイヤルティは低く、離反リスクが高いことが分かります。
- SaaS事業者にとっての重要な取り組みは、設定代行などを積極的に実施したり、有償化して収益面を補強することではなく、自立支援サービスを充実させて、設定代行を依頼することなくお客様が自立して運用できるようにすることです。
- SaaS事業者は、設定代行などの運用（オンゴーイング）の支援にとどまらず、自社プロダクトを通じてお客様のより高い目標（カ

図表4-20　顧客セグメント分析(SaaS事業者／ドライバー満足度比較／自立度合い)

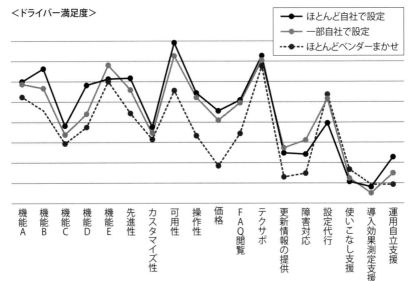

スタマーサクセス）を支援するサービスに注力すべきです。

　カスタマーサクセスには段階があります（詳細は5-2、P191参照）。本事例では、運用の自立とは、ベンダーまかせの運用から自立した運用にレベルアップしてプロダクトを使いこなし、より一層自社の業務に役立つという、一段上のサクセスを目指すことです。そしてそれを支援するのが、運用自立支援です。

　実際に本プロジェクトを指揮したSaaS事業者のマネージャーからも以下のコメントがありました。

- 設定代行を積極的に引き受けてお客様の負担を軽減することは、一時的には高い満足感が得られるでしょう。また、ビジネスとして設定代行業務を有償化することで新しい収入源を得られるため、一見、Win-Winの状況に見えます。
- しかし、お客様にとって真に価値のあるSaaSとは、継続して利用することで、お客様のビジネスの成功や業務活性化に貢献するものです。
- そのためには、設定機能の改善や運用面での自立を促し、お客様にSaaSをより効果的に活用していただくことが重要です。
- SaaSベンダーは、運用自立支援を提供することに加えて、自社の視点を広げ、SaaSを活用した事業の成功や活性化のためのサポートを提供することが、SaaS事業成功の必須条件となります。

　従来のSIビジネスとは異なる、サブスクリプションモデルのSaaS事業の本質を理解できるコメントであり、その考え方を証明するような分析結果が得られた事例です。

■ 経済ロイヤルティと心理ロイヤルティが比例していない

　購買金額が多いからといって、心理ロイヤルティが高いとは限りません。小売業においては、購買金額によるロイヤルティの評価は経済ロイヤルティとして、会員カードのランク付けで実施しています（3つのロイヤルティの詳細は1-2、P28を参照）。ロイヤルティ分析では、経済ロイヤルティが高い、つまり購買金額の高いお客様の心理ロイヤルティも高いことを確認する必要があります。

図表4-21　顧客セグメント分析(百貨店／ NPS比較／会員ランク)

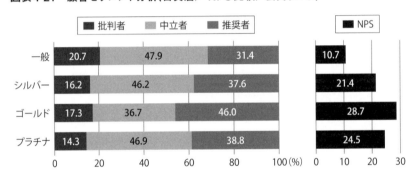

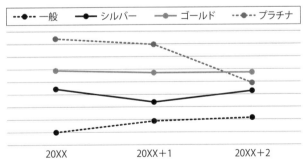

＜会員ランク別NPS経年推移＞

図表4-22　顧客セグメント分析(百貨店／ドライバー満足度、琴線感度比較／会員ランク)

＜ドライバー満足度＞

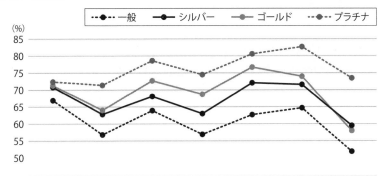

	入館	売場、ブランド比較・選定	売場、ブランド入店	商品閲覧・選定	接客	会計・お見送り	退館
一般	66.9	56.8	63.9	56.9	62.7	64.7	51.9
シルバー	70.8	62.8	68.1	63.0	72.1	71.6	59.5
ゴールド	71.3	64.0	72.7	68.7	76.7	74.0	58.0
プラチナ	72.4	71.4	78.6	74.5	80.6	82.7	73.5

＜ドライバー琴線感度＞

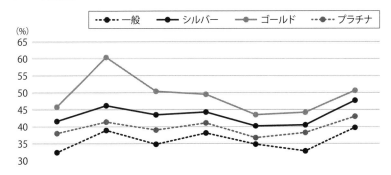

	入館	売場、ブランド比較・選定	売場、ブランド入店	商品閲覧・選定	接客	会計・お見送り	退館
一般	32.4	38.9	34.8	38.1	34.8	32.8	39.7
シルバー	41.6	46.2	43.5	44.3	40.2	40.5	47.7
ゴールド	45.8	60.4	50.4	49.5	43.5	44.2	50.6
プラチナ	38.0	41.4	39.0	41.1	36.7	38.2	43.0

ある百貨店でのプロジェクトでは、逆転現象が見られた年がありました（**図表4-21**）。最も購買金額が高いプラチナ会員のロイヤルティスコア（NPS）が、2番目に高いゴールド会員よりも低いという現象です。過去3年間のロイヤルティスコア推移を見ると、これまで最も高かったスコアが、その年に大幅に低下しました。

　この結果は、プラチナ会員の心理的な離反度合いが高まっていることを示しています。単年度の売り上げには影響がないものの、購買金額が高いお客様の集団であるため、来年以降の売り上げへの悪影響が懸念されます。

　さらなる要因分析のため、入館から退館までのプロセスでのドライバー満足度と琴線感度を顧客ランク別に比較しました（**図表4-22**）。プラチナ会員は、すべてのドライバー満足度はどのランクよりも高いものの、すべてのドライバー琴線感度は一般顧客に次いで低い結果となりました。

　この結果を右脳で解釈（詳細は5-1-2、P183参照）すると、
- 入館から退館までの接客対応は、プラチナ会員に対しては高い満足度のサービスが提供できているものの、あまり心に響いておらず、ロイヤルティを上げる要因にはなっていない。

と想定できます。さらに想像力を豊かに解釈すると、
- 接客品質には満足しているものの、「これだけ購入しているのに、もっと質の高い接客があってもいいのでは」という潜在的な事前期待に応えていないことが、この数値に表れていると考えられます。

この百貨店では、この結果を真摯に受け止め、経年での満足度などの比較を通じた詳細な分析を行い、プラチナ会員向けの接客品質向上策を実施。その結果、翌年にはプラチナ会員のロイヤルティが最も高い、という望ましい状態に回復しました。

■ その他の分析活用事例や分かったこと

- カスタマーサポートへの投資獲得

    小売業におけるカスタマーサポート部門は、購買後のお客様からの問い合わせや苦情受付業務を担当しており、ファンづくりにおいては非常に重要な業務を担っています。しかしながら、すぐに売り上げに直結していない業務でもあることから、購買者づくりのマーケティングが浸透している企業（詳細は1-3、P34参照）ほど、カスタマーサポート部門に対する投資が実現しにくい現状があります。このような状況で、本分析レポート、特に個別ドライバー分析を利用し、経営層へアピールすることで、投資を獲得できました。

- コロナ禍においてシニア層の推奨意向が低下

    コロナ禍において、リアル店舗を中心とした小売業では、継続利用意向は上昇する一方で、推奨意向が低下する傾向が見られました。特に60代以上のシニア世代がその傾向が顕著であり、自分の継続利用意向は高いが、コロナ感染のことを考慮するとリアル店舗を推奨する気持ちが下がったと想定されます。

- 若い世代は推奨意向が高く、シニア世代は継続利用意向が高い

    小売業おいては、一般的に20代の若い世代は推奨意向が高い傾向が見られます。一方、シニア世代では継続利用意向は高いが推奨意向は低い傾向が見られました。SNSの「いいね」機能などを通じて、若い世代は他人に薦めるハードルが低い一方で、シ

ニア世代は他人に薦める際に責任を感じる傾向が強いと考えられます。

- デジタルビジネスにおいても紙媒体が強みとなる
店舗が存在するものの、ECが主要チャネルである通販事業では、紙媒体のコスト負担を考慮し、その継続を検討する局面に直面していました。分析を通じて、紙媒体の体験率と満足度が非常に高く、強みとなるドライバーであることが明らかになり、今後戦略的に投資すべきと判断しました。さらに、顧客体験分析からバックナンバーのコンテンツ配信などのサービス展開も検討しています。

CUSTOMER
LOYALTY

第5章
ロジック深耕編

第２章〜第４章で、心理ロイヤルティの構造化と定量化について、筆者が提案するロジック、ロジックを使った具体的な作業の進め方、および定量化されたデータの分析と考察方法を解説しました。第４章までの内容に沿ってワークをすれば、ファンづくりにつながる心理ロイヤルティの可視化が可能です。

　本章は、本方法論、とりわけ第２章のロジックをもっと腹落ちさせ、本ロジックの有効性を深く理解するための章です。

　定量化されたスコアが多いからといって、必ずしも良いわけではありません。分析担当者にとって考察しやすい適切な数の指標を体系化する必要があります。また、現場のスタッフも理解して腹落ちしやすい指標が必要です。本章では、このロジックで独自に提案されている「ドライバー琴線感度」と「体験琴線感度」が登場した理由と、その数値の解釈方法について解説します。また、本ロジックを使って、市場で最近よく耳にするカスタマーサクセスやD2Cビジネスといったトレンド用語を解説します。

　前著『心理ロイヤルティマーケティング』を読んだが納得できなかった方、本ロジックでの分析に挑戦したもののうまく考察に結びつかなかった方、筆者のコンサルティングを受けた際には理解したと思っていたが、しばらく経って疑問が湧いた方は、ぜひ本章を熟読してください。初めて本ロジックに触れる方で、全体像を理解したい方や、ロジックの結論をすぐに知り実践したい方は、第４章までの内容で十分です。

琴線感度の解釈

　心理ロイヤルティの定量化の中で、本ロジックを最も特徴づけているスコアが「ドライバー琴線感度」と「体験琴線感度」です。本スコアをどう解釈して考察していくかは、本ロジックを使いこなすうえで最重要テーマとなります。本節では、理解を深めるために、本スコアが出てきた背景やスコアの解釈の仕方について解説します。

5-1-1　相関係数にオサラバした理由

　筆者が心理ロイヤルティアセスメントのコンサルティングを始めた約10年前、ドライバー琴線感度の代わりとして相関係数を使用していました。しかし、間もなくそれを琴線感度に変更しました。その理由について説明します。

■ 散布図の目的と縦軸の意義

　ロイヤルティドライバーを定義し施策につながる分析をする場合、どのドライバーに優先的に注力するのが効果的か、といった考察を出すことは重要です。そのために、ドライバーマッピング分析を用います。当時の分析では、横軸にドライバー満足度（スコアの算出方法は2-2-2、P64参照）、縦軸にドライバー満足度とロイヤルティスコア（ここでは推奨度合いを例にする）との相関係数をとり、散布図を描いていました（**図表5-1**）。

　相関係数とは、ドライバーの満足度の高い低いと推奨度との相関の強さを定量化したスコアであり、0〜1の値で計算され、0.3以上だと相関性があり、そのスコアが高いほど相関度合いが高いと解釈されま

す。そのスコアを縦軸にとった散布図を使った象限別の一般的な考察は以下になります（ドライバー名は仮に設定）。

第Ⅰ象限（注意観察ドライバー）

　満足度は低いが推奨度への相関も低いため、注意は払うものの優先的に取り組むべきドライバーではない。

第Ⅱ象限（優先課題ドライバー）

　推奨度との相関性が高いにもかかわらず満足度が低いため、このまま放置するとロイヤルティを下げる要因となるので、優先的に満足度向上策を実施する必要がある。

第Ⅲ象限（基本維持ドライバー）

　満足度は高いが推奨度との相関は低いため、満足度は高いまま維

図表5-1　昔のドライバーマッピング分析（アパレルでの例）

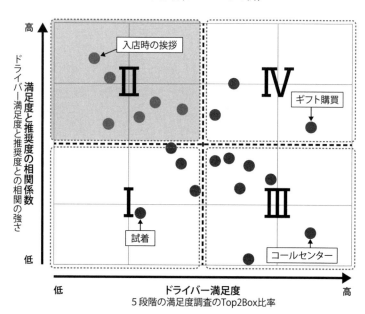

持しておく。

第IV象限（維持強化ドライバー）

　満足度も推奨度への相関度も高く強みになっているため、満足度を維持しさらに強化することでロイヤルティ向上が期待できる。

特に、ドライバー満足度が低く、相関係数が高い第II象限にあるドライバーに注力し、満足度向上活動を実施すべきです。

非常に科学的な説明です。

　しかしながら、何回も継続的にこの分析での考察をしていると、以下のような疑問に直面しました。図表5-1の例で説明します。

- 「試着」はアパレルにとって重要な顧客接点であるはずです。第I象限に位置するからといって優先して注力しなくていいという判断は適切ではない。このポジションが問題であり、相関が低い理由を探り、相関を上げて強みを向上させるための施策を練るべきでは？
- 「入店時の挨拶」は3カ月の努力で第III象限に移動したと仮定します。その際に、基本維持ドライバーとして、もう満足度向上策を実施しなくていいと解釈していいのか？
- そもそも相関係数が低い（0.3未満は相関がないとされている）ドライバーに対して満足度向上活動を行っても意味がないと解釈していいのか？
- 第IV象限の「ギフト購買」と第III象限の「コールセンター」は満足度が比較的高いが、相関係数の差異による満足度向上策の違いはあるか？

- 結局、すべてのドライバーの満足度向上活動が重要であるとしたら、横軸だけで判断しても問題ないのでは？

つまり、「第Ⅱ象限のドライバーを優先的に満足度を上げましょう」といった考察だけでは、適切な指導ができない、という事態が生じたのです。

この根本的な理由を考慮すると、**縦軸に相関係数を採用することが問題**であると分かります。

相関係数は、2つのスコアの相関度合いを0〜1（正の相関の場合）で算出したスコアです。この例であれば、1〜5で評価されたドライバー満足度と0〜10で評価された推奨度との相関度合いです。重要な点は、

相関係数は意思決定のためのスコアであり、相関係数を上げるという考え方はありません。

一方で、ドライバー満足度は現状の実力を示すスコアであり、意思決定にも使われるものの、ドライバー満足度を上げるという考え方にもつながります。そのため、縦軸に相関係数を採用した散布図による分析では、どのドライバーに注力するのが効果的かという意思決定はできますが、施策としては横軸、すなわちドライバー満足度向上に関する右シフトの施策しか検討できません。

こうした、散布図による意思決定で有名なフレームワークがプロダクトポートフォリオ分析です（**図表5-2**）。

図表5-2　プロダクトポートフォリオ分析

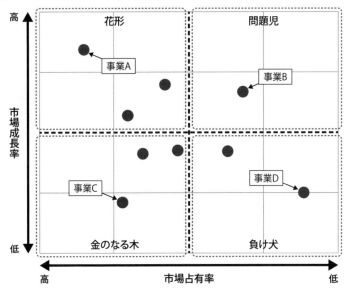

　プロダクトポートフォリオ分析は、事業戦略上の意思決定に使用され、例えば10億円を投資する際にどの事業を選択するかといった経営判断に役立ちます。図表5-1の解説と同様に考えると、縦軸の市場成長率は市場のマクロ的要因から与えられる意思決定のためのスコアと解釈できます。市場占有率は現在の企業の評価をスコア化した意思決定指標であり、努力を通じて向上させることができるスコアでもあります。

　このような散布図を用いた事業戦略上の意思決定には、以下の特徴があります。

- 経営的に選択と集中といった戦略的意思決定が目的
- 中期的視野で一度決定すればしばらくは方針を変更させない

しかし、上記のような考え方をロイヤルティドライバーマッピング分析に適用すると、現場レベルでの施策につながる考察ができなくなります。

　ロイヤルティドライバーの散布図を用いた考察で目指すべきことは以下です。

- 散布図の中で理想的なポジションを決める
- 理想的なポジションに向かうために、各ドライバーに対してどのような施策を実施すべきかを検討する
- 定期的に状況をモニタリングし、施策の検証や見直しを続ける

　ロイヤルティドライバーは、事業とは異なり、選択と集中の対象にはなりません。店舗の接客には注力するがコールセンターは力を入れない、といった判断ではなく、店舗接客もコールセンターも理想的なポジションに向かうためにどのような施策が必要かを検討することが重要です。もちろんその中でも、どのドライバーが現時点では効果的にロイヤルティ向上に寄与できるかを知っておいて、メリハリをつけることは重要です。

　そのため、縦軸に必要なスコアは、意思決定にのみ使用される与えられたスコアではありません。ドライバー満足度と同様に、自らの努力で高められるスコアである必要があります。厳密に言えば、向上させるための施策が検討できるようなスコアである必要があります。

■ あるプロジェクトでの経験
　筆者は、ドライバーマッピング分析の縦軸に相関係数を用いること

図表5-3　あるプロジェクトでのドライバーマッピング分析

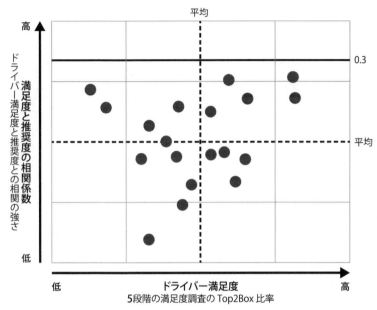

に疑問を抱えつつも、代替となる最適なスコアが見つからず、相関係数を用いた分析を続けていました。しかし、あるプロジェクトで驚くべき以下の事態が発生しました。

対象となる全ドライバーの相関係数が0.3未満（図表5-3）

　一般的に、相関係数が0.3未満であれば無相関と判断されます。つまり、ドライバーの満足度と推奨度が無相関となり、満足度をいくら上げても推奨度は上がらず、満足度向上活動がロイヤルティ向上に寄与しないと解釈できます。

　この事態には驚きました。今回のケースは極端ですが、過去のプロ

第5章　ロジック深耕編

ジェクトにおいても、いくつかのドライバーで相関係数が0.3未満の
ケースはありましたが、すべてが0.3未満は初めてのケースです。これ
まで経験したことがなく、感覚的にもドライバーの満足度向上がロイ
ヤルティに影響を与えないとは考えられません。また、「満足度向上活
動は必要ない」と断言することもできません。大量のアンケート分析
で相関が思ったように現れない現象は、筆者の所属するロイヤルティ
研究会のメンバーからもよく耳にしていました。

　この事態が発生した原因の詳細追求は別途実施するとして、その時
点で以下の仮説を立てました。

- **相関係数上の相関がなくても、各ドライバーで高い満足度を持つ
お客様は、ロイヤルティが高いのでは？**

図表5-4　縦軸を変更したドライバーマッピング分析

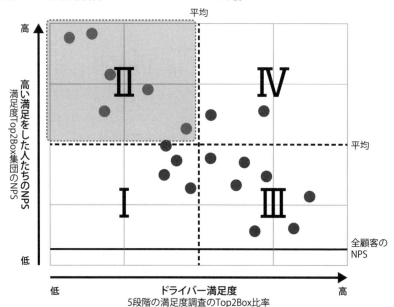

- 各ドライバーで満足度が高いお客様だけを対象にNPS（Net Promoter Score）を計算し、そのスコアを比較すれば、有益な分析が可能なのでは？

　この仮説に基づき、ドライバー満足度調査で「大変満足」と「満足」（Top2Box）にチェックしたお客様を母集団としてNPSを算出し、その値を縦軸とした散布図を作成しました（**図表5-4**）。

　この散布図を利用して、以下のような考察を行いました。

- 全ドライバーの縦軸スコアは、全顧客のNPSよりも高い。
- そのため、高い満足度を提供することは、NPS向上のための重要な取り組みである。
- 特に第Ⅱ象限のドライバーは、ドライバーの全体の満足度は低いが、その中でも高い満足に達した人達（Top2Box）を母数にしたNPSは非常に高い。
- したがって、第Ⅱ象限のドライバーの満足度向上活動を優先的に実施することで、効果的に全体のNPS向上が期待できる。

　結果として、縦軸を相関係数から、高い満足に達した人達（Top2Box）を母数にしたNPSに変更し、相関係数を用いた際と同様の分析を行うことで、プロジェクトを乗り越えることができました。

■ 相関係数はアンケート分析に不向き

　プロジェクト終了後、相関係数が小さいケースが多い理由を考えました。相関分析をグラフで表現すると、因子Xと因子Yの値の組み合わせをプロットし、散布図を描き、因子のまとまり具合を測る分析手

法です（**図表5-5**）。そのまとまり度合いを数量化したものが相関係数です。図表5-5で、楕円の面積が小さくなれば相関係数は高くなり、一直線になった場合が最も相関のある1.0となります。一般的には0.3以上は相関があると判断されます。したがって、相関係数が高いと、Xが高まればYも高まりやすい、といった説明がつきます（厳密には相関関係と因果関係は違いますが）。

　しかし、この相関分析をアンケートに適用する場合、問題があります。第1の問題点は、XとYの組み合わせの数が決まっていることです。満足度と推奨度のアンケート結果に置き換えると、因子Xが5段階の満足度の値であり、因子Yは11段階の推奨度の値になり、55の組み合わせしかありません。身長×体重、算数の点数×理科の点数といった、無数の組み合わせが存在する場合は数多くのプロットが存在するため、そのまとまり具合が相関関係の強さだと判断するのは納得

図表5-5　相関分析

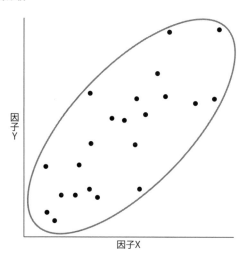

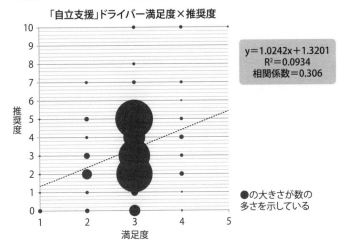

図表5-6　実際のプロジェクトでの相関分析

「自立支援」ドライバー満足度×推奨度

$$y=1.0242x+1.3201$$
$$R^2=0.0934$$
相関係数＝0.306

推奨度

●の大きさが数の
多さを示している

満足度

がいきます。しかし、55の組み合わせしかないプロットのまとまり具合が相関関係の強さだと判断するには少し違和感があります。

　第2の問題点は、数値の正確性です。これはアンケートの宿命ですが、例えばドライバーの満足度を聞いた場合、正確に評価できないお客様もいます。あるいは、アンケートの謝礼欲しさで回答して、そもそも真面目に答えないお客様もいます。そういう場合の多くは、満足度であれば「普通」と回答するケースが多くなります。「普通」には、真面目に考えて「普通」を選択する人以外にも、きちんと評価できない、あるいは真面目に考えないで「普通」をチェックした人も多く含んでいます。これらの大量の正確でない回答同士を組み合わせたプロットのまとまり具合が相関関係の強さだと判断するのも違和感があります。

　上記の2つの問題点を確認するために、実際のプロジェクトで満足度と推奨度の回答をプロットしてみました（**図表5-6**）。

まず、プロットは55の組み合わせなので、図表5-6のような分散されたプロットではありません。また、満足度が「普通」の3でプロットされている数が非常に多くなっています（●の大きさ）。結果、相関係数は0.306と辛うじて相関があるドライバーという評価になります。

　大量のサンプル調査を実施したわけではありませんが、上記の結果から、ドライバー満足度×ロイヤリティスコア（推奨度）の相関係数の数多くが0.3以下になってしまうと納得しました。

■「普通」を除外したアンケート分析

　アンケート分析において正確性が担保できないという問題は、相関分析に限らず、常につきまとう解決すべき課題です。その問題を解決するための工夫として、「普通」を除外した分析を行います。第2章で解説したドライバー満足度の定量化（2-2-2、P64参照）について再度確認してみてください。集計の仕方は、5段階の満足度調査で「大変満足」あるいは「満足」（Top2Box）と回答したお客様の数の比率で算出しています。すなわち、「普通」は排除した分析手法を取り入れています。平均法では、きちんと評価していない数多くの「普通」を入れた集計になりますが、本手法では意思表示として満足をつけたお客様の比率で判断しています。

　先に述べたプロジェクトで用いた、相関係数に代わるスコア（後の琴線感度）も、結果的にはTop2Boxを選んだお客様のNPSといった、「普通」を除外した分析手法となっています。これも代替案のスコアが相関係数よりも違和感なく考察ができた理由になっていることに気づきました。

■ 相関係数にオサラバ

　さらに、この縦軸に関して熟考を重ねてみたところ、前述の常々思っていた縦軸に相関係数を採用することの問題を、このスコアに変更することで解消される、との結論に至りました。すなわち、

ドライバーの現在地を評価するスコアに使えるとともに、自助努力で向上するスコアにもなり得る

ということです。特に、自助努力で向上するスコアにもなり得る、が重要です。この事件以来、散布図は2種類作成するプロジェクトをいくつか経験し、新しいスコアのほうが考察しやすい例が続きました。結果、ある時期から相関係数からオサラバしました。次の項では、新しいスコアの解釈方法や、どのようにして自助努力で向上するスコアとして分析できるかについて解説します。

5-1-2　左脳で分析し右脳で解釈する

　前項のプロジェクトでの経験をもとに、相関係数に代わる新しいスコアとして「琴線感度」が誕生しました。本項では、「琴線感度」をどのように解釈すれば、施策につながる考察が可能になるかを解説します。

■ ドライバー琴線感度は強みポテンシャルと解釈できる

　「琴線感度」とは、名称が特別な印象を与えますが、実態は集計する母数を変化させたロイヤルティスコアです。ここでは、説明を分かりやすくするために、NPSとします。

本ロジックでは、さまざまな母数のNPSを測定します（集計の仕方は2-2-1、P53を参照）。まず、全顧客のNPSを計算します。これがKGI（Key Goal Indicator）となります。全体のNPSを上げるために何をすべきかを構造化し、定量化して考察することが、本ロジックの基本です。次に、顧客セグメントを母数としたNPSも計算します。例えば、以下のケースを考察します。

- 全体のNPSは10.0
- 20代のNPSは30.0
- 50代のNPSは15.0

この結果から以下のような考察ができます。

- **20代のNPSは全体のNPSより高く、50代よりも高い。**
- **したがって、20代は全体のNPSを上げている顧客セグメントであると言えます。**
- **20代のお客様の比率を増やすことで、全体のNPSが向上するはずです。**
- **50代よりも20代の比率を増やすほうが、全体のNPS向上への効果が高いと考えられます。**

　つまり、全体のNPSを分解した世代別のNPSのスコアは、全体のNPSへの影響度合いと解釈でき、影響度合いが非常に高い20代を増やすことが1つの施策であると考察できます。

　この考察を「琴線感度」に置き換えてみましょう。「琴線感度」とは、各ロイヤルティドライバーの満足度調査において、Top2Box（大変満

足、満足）をチェックした母集団の NPS です（詳細は 2-2-2、P66 参照）。
例えば、ロイヤルティドライバーの「試着」と「会計」の集計結果は以下
のとおりでした。

- 全体の NPS は 10.0
- 試着のドライバー琴線感度（Top2Box の NPS）は 30.0
- 会計のドライバー琴線感度（Top2Box の NPS）は 15.0

この結果から以下のような考察ができます。

- **試着のドライバー琴線感度（Top2Box の NPS）は全体の NPS より高く、また会計よりも高い。**
- **したがって、試着で高い満足に達したお客様は、全体の NPS を上げている顧客セグメントであると言えます。**
- **試着で高い満足に達するお客様の比率を増やすことで、全体の NPS が向上するはずです。**
- **会計よりも試着で高い満足を得たお客様の比率を増やすほうが、全体の NPS 向上への効果が高いと考えられます。**

ここでは、20代のお客様を、「試着」のロイヤルティドライバーで高い満足度を得たお客様に置き換えて考察しています。

つまり、全体の NPS を分解し、母集団を変えた NPS は全体の NPS への影響度合いを判断するスコアであり、ドライバー琴線感度もそれぞれのドライバーにおける高い満足度が全体の NPS に与える影響度合いを示すものと解釈できます。

さらに、より厳密に言えば、「**高い満足度に達した場合の**」という条件付きで、全体の心理ロイヤルティへの影響度合いという意味になります。したがって、

ドライバー琴線感度は、ロイヤルティドライバーとしての強みのポテンシャルを示しています。

そして、そのポテンシャルが発揮される状態とは、ドライバー満足度が高い時だと解釈できます。これを、前述の図表5-4の例で縦軸、横軸に表記を加えてドライバーの強み分析をしました（**図表5-7**）。

縦軸のドライバー琴線感度は、ドライバーの強みのポテンシャル、

図表5-7　縦軸、横軸の解釈と強み分析

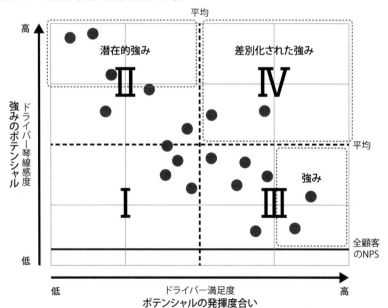

横軸のドライバー満足度はポテンシャルの発揮度合いと解釈できます。このドライバーマッピング分析を基に、以下のような考察ができます。

- すべてのドライバーの琴線感度は全体のNPSより高いため、ポテンシャルの度合いに違いはあるものの、すべてのドライバーが強みとしてのポテンシャルを持っていると言えます。
- 第Ⅳ象限のドライバーは、ポテンシャルが高くその発揮度合いも高いため、差別化された強みになっていると言えます。
- 第Ⅲ象限の特に右半分のドライバーは、ポテンシャルが大いに発揮できているため、強みになっていると言えます。
- 第Ⅱ象限の特に上半分のドライバーは、ポテンシャルは高いがそのポテンシャルが発揮されておらず、潜在的強みになっていると言えます。

このように各スコアの解釈を深めることで、腹に落ちる考察が可能となります。

■ 頭の満足と心の満足

かなり古い文献ですが、米国の有名な世論調査会社ギャラップ・オーガニゼーションが発表した内容によると、お客様の高い満足には、「頭で満足（Rationally Satisfied）」しているレベルと「心で満足（Emotionally Satisfied）」しているレベルの2つがあります。同じ高い満足レベルのお客様でも、心で満足しているお客様のほうが圧倒的にロイヤルティが高いという調査結果があります（この調査では経済ロイヤルティを中心に検証）。

この話を聞いたのは10年以上前のことですが、相関係数の代わりに
琴線感度を定義した際に思い出しました。琴線感度は、心の満足レベ
ルをスコア化する試みです。ただし、明確な違いがあります。それは、
琴線感度は個人のスコアではなく、ドライバー単位のポテンシャル値
であり、ポテンシャルを発揮するためにはドライバー満足度を向上さ
せなければならないという関係性があることです。

　筆者の前著『心理ロイヤルティマーケティング』では、ドライバー
満足度を「頭の満足」、ドライバー琴線感度を「心の満足」と比喩し、そ
の違いを解説しました。しかし、「頭の満足度のさらなる上位レベルは
心の満足ではないか？」や「２つの値を別にしてマッピング分析する
意味が分からない」といった声も聞きました。この表現が読者に混乱
をもたらしたかもしれません。

　前述したように、ドライバー琴線感度はポテンシャル値であり、そ
のポテンシャルが発揮されるのは、ドライバー満足度が高まった時で
す。ドライバー満足度の向上が直接的にドライバー琴線感度を高める
わけではありません。したがって、別のスコアとしてドライバーマッ
ピング分析が有効です。

■ ドライバー琴線感度は心に響いている度合いと解釈できる

　ドライバー琴線感度を全体のNPSへの強みポテンシャルとし、ドラ
イバー満足度をそのポテンシャルの発揮度合いと解釈すれば、各ドラ
イバーの現状を評価し、満足度向上活動で優先すべきドライバーを選
択できます。ただし、ドライバー琴線感度そのものを努力で向上させ
るスコアとしては解釈できません。

ここで必要なスキルは、左脳で集計した数値を右脳で解釈することです。全体のNPSを分解して、さまざまな母集団のNPSを測り、そのスコアを全体のNPSへの強みポテンシャルと解釈するのは、ロジカルで左脳的解釈と言えます。さらに、このスコアを感情的に右脳で解釈すると、施策につながる道が開かれます。もう一度、2つの琴線感度を以下に示します。

- 試着の琴線感度（Top2BoxのNPS）は30.0
- 会計の琴線感度（Top2BoxのNPS）は15.0

ともに、高い満足をした母集団にもかかわらずスコアに違いがあることを右脳で解釈すると、

同じ高い満足レベルでも、試着のほうが会計よりも心に響く度合いが高いため、NPSが高い値になっているのでは？

と考察します。すなわち、

ドライバー琴線感度とは、そのロイヤルティドライバーにおける高い満足が心に響く度合いをスコア化しているものです。

ドライバー琴線感度を左脳で**NPSへの強みポテンシャル**と解釈する場合、相関係数と同様に選択と集中のための条件スコアにとどまります。しかし、右脳で解釈し、**心に響く度合い**として捉えることで、本スコアを向上させるためにどのような心に響く体験を提供すべきかという施策への考察が広がります。

■ ドライバー琴線感度を上げるヒントは体験琴線感度にあり

ドライバー琴線感度を上げるためにどんな顧客体験を提供するかを考察するために、体験琴線感度が使われます。

体験琴線感度もドライバー琴線感度と同様の解釈ができます。体験琴線感度とは該当の体験を経験したお客様を母集団としたNPSです（2-2-3、P74参照）。体験琴線感度は、左脳で集計すると、全体のNPSへの強みポテンシャルと解釈できるとともに、その体験を経験したお客様はNPSが高いという事実から、右脳では心に響いている度合いと解釈できます。すなわち、ポジティブ体験であれば感動度合い、ネガティブ体験であれば落胆度合いと解釈できます。

ドライバー琴線感度は心に響いている度合いと解釈でき、本スコアを上げるためには心に響く体験を提供することです。これは、体験琴線感度の高いポジティブ体験を増やすことです。

試着ドライバーで、以下の２つのポジティブ体験の体験頻度と体験琴線感度がスコア化されました。

- 全体のNPSは10.0
- 「他商品や小物とのコーディネート提案があって良かった」の、体験頻度は５％で、体験琴線感度は30.0
- 「試着室が広くて良かった」の、体験頻度は80％で、体験琴線感度は15.0

「他商品や小物とのコーディネート提案があって良かった」のポジ

ティブ体験は感動体験と想定されますが、体験頻度では「試着室が広くて良かった」よりもかなり低くなっています。したがって、

試着ドライバーのドライバー琴線感度を向上させるための有効な施策は、「他商品や小物とのコーディネート提案があって良かった」のポジティブ体験の体験頻度を高めることである

といった、考察ができます。これも、体験琴線感度を全体ロイヤルティへの強みポテンシャルという左脳的解釈にとどまらず、心に響く感動度合いという右脳的解釈をしているからです。

　このように、心理ロイヤルティを構造化した2階層目のドライバーレベルと3階層目の顧客体験での琴線感度スコアを右脳で解釈し、その関連性を考慮しながら分析をすることで、施策につながる考察が可能となります。さらに、他のスコアも含めた具体的事例を取り入れた分析の詳細については、第4章の分析編で解説しています。

5-2 カスタマーサクセスをロジックする

　近年、お客様と企業の新しいWin-Winモデルとして、サブスクリプション型のサービスが広がり、特に短期間で広範囲に普及したITソフトウエア業界やSaaS業界では、「カスタマーサクセス」という新たなコンセプトや業務、組織名が登場しました。そして、カスタマーサクセスは、SaaS事業にとどまらず、BtoCモデル、すなわち一般消費者に商品を提供している小売業などの事業にも浸透しつつあります。カスタマーサクセスは、既存顧客にファンになっていただき、離反を防

止しLTV（Life Time Value）を向上させるための１つの考え方、施策と言えます。そのため、心理ロイヤルティアセスメントと相性の良い考え方でもあります。

カスタマーサクセスに関する詳細は別書籍を参照していただくとして、本節では、カスタマーサクセスを本質的かつ論理的におさらいし、心理ロイヤルティの構造化ロジックで解説します。

■ 見落としがちなカスタマーサクセスの目的

近年、カスタマーサクセスに関する記事やセミナーは数多く存在します。世の中にあふれているさまざまな情報を確認していると、「あれ？　ちょっと違うのでは？」と思うようなこともあります。それは、カスタマーサクセスの目的に関する誤解です。

さまざまな情報の中には、

カスタマーサクセスの目的は既存顧客の契約維持と契約拡大で、主要KGIは解約率、クロスセル／アップセル、売上継続率だ

と記載されていることがあります。広義の目的としては間違いではありませんが、よく考えるとこの定義は、サブスクリプション事業の目的であり、カスタマーサクセスだけが担う目的ではありません。カスタマーサクセスの目的やKGI・KPI（Key Performance Indicator）を設定する際は、もう１つ下のレイヤーでの定義が必要となります。さらに、上記の定義をよく見ると、カスタマーサクセスであるにもかかわらず、お客様の成功が目的になっておらず、自社の事業の成功が目的になっています。

カスタマーサクセス業務や部門では、自社の商品やサービスを使ってお客様がどのように成功するのかを追求し、

お客様の成功を定義し、達成が証明できる KGI や、支援過程での KPI を設定する

ことが重要です。その結果として契約維持や契約拡大、すなわち自社の事業成功が達成できるという因果関係をしっかり認識する必要があります。カスタマーサクセスでは、決して自社の成功を直接の目的にすべきではありません。

■ サブスクリプションモデルはカスタマーサクセスの手段

　カスタマーサクセスの登場は、サブスクリプションモデルの普及が大きな要因とされています。サブスクリプションとは、製品やサービスの購入ではなく、利用に対して代金を支払う方式で、定額制や利用期間・利用度合いに応じた従量制などの料金プランがあります。クラウドサービスの登場により、ソフトウエア分野で広く適用され、小売業やサービス業にまで拡大しました。これにより、消費者の利益が向上しました。

　しかしながら、本モデルを、利便性や価格面での訴求価値だけを焦点にした、新しいモデルとして片づけないことが重要です。これではカスタマーサクセスの本質が発揮できません。例えば、比較的単価が高めの洋服のサブスクリプションを例にとってみましょう。

　従来は、「慎重に洋服を選んで大金を支払って長く着用する、飽きた時やコーディネートの幅を増やすためには、また新品を購入する」

といったパターンでしたが、サブスクリプションサービスを利用すれば、「定額で毎月、新しい服が届いて着用でき、気に入れば購入も可能で、購入するまでもない商品は翌月には返却して、また新しい洋服を着る楽しみが繰り返される」といったサービスで、利便性が増します。価格面では、毎月の支払は発生するものの、従来発生していた追加購入などを考慮すると結果的にはお得に、しかも満足度高く洋服を着ることができます。

　しかし、さらなる価値は、「お客様と継続的につながり続けること」によって生まれます。企業は、お客様が毎月着用している洋服や好みなどのデータを蓄積できます。そうした情報をもとに、新たなサービスが展開できるのです。お客様にとって洋服は、買うことが目的ではなく、買った商品で豊かなファッションライフを実現することが目的であり、これがカスタマーサクセスです。しかしながら、企業は売ることが目的になりがちです。これをサブスクリプションモデルにすることで、お客様のファッションライフを支援するカスタマーサクセス業へと転換することが可能になります（**図表5-8**）。

■ カスタマーサクセスには段階がある

　カスタマーサクセスは、最近ではIT業界のみならず、サブスクリプ

図表5-8　サブスクリプションモデルの価値連鎖

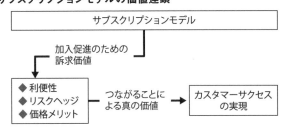

図表5-9　豊かな生活(=カスタマーサクセス) には段階がある

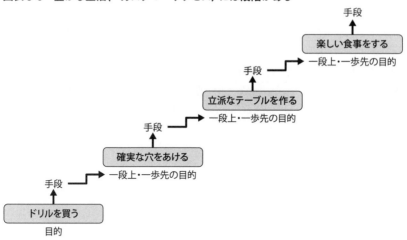

ションモデルではない小売りなどのコンシューマビジネスにおいても使われるようになってきました。

　小売業でカスタマーサクセスというワードに少し違和感がある方には、「豊かな生活」と置き換えて考えるとわかりやすくなります。購入した商品で成功 (サクセス) するとは、すなわち商品を通じて豊かな生活が実現できることです。そして、小売業者は目先の売り上げというゴールだけに着目するのではなく、購入したお客様が購入品を通じて「豊かな生活」を実現できることをゴールにすべきでしょう。そのための企業の支援に高い満足が得られたお客様がファンになり、継続購入していくと考えると、クラウド(SaaS)事業者と同様にカスタマーサクセスが重要であることは理解できます。

　ただし、その豊かな生活 (=カスタマーサクセス) には段階があります。マーケティングを学ぶ題材として、「ドリルを買う顧客はドリル

が欲しいのではなく、穴が欲しいのです」という教訓があります。これは「ドリルを買ってどのようなサクセスを得たいのか」という考え方で、マーケティングのテキストでは、ドリルのスペックばかりを主張するのではなく、「顧客の立場で、どのようにすれば穴をあけやすいか、という視点でマーケティング活動をしなくてはいけない」という考えが通説になっています。しかし、カスタマーサクセスの考え方では、「穴をあける」ことよりも、さらに上位のサクセスが存在します。例えば「立派なテーブルを作る」というサクセスです。さらにその上には「楽しい食事をする」というサクセスがあるはずです（**図表5-9**）。

つまり、カスタマーサクセスには段階があり、どのサクセスをターゲットにした支援を提供するかが重要です。場合によっては、物販業からサービス業へのビジネスモデルの転換も視野に入れるケースも存在するでしょう。

■ ロイヤルティドライバーとして考える

心理ロイヤルティの構造化のロジックの中で、カスタマーサクセ

図表5-10　SaaS事業でのロイヤルティドライバー定義例

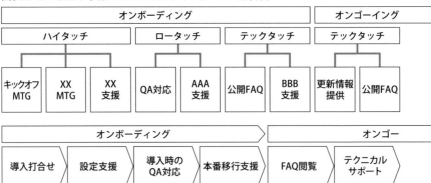

196

スはどのように位置づけるべきでしょうか。SaaS事業を例に説明します。

　まず、カスタマーサクセスをオンボーディング（導入）やオンゴーイング（運用）と同じレベルで考えます。そして、オンボーディングやオンゴーイングに複数のロイヤルティドライバーを定義するのと同様に、カスタマーサクセスにも複数のロイヤルティドライバーを定義します（**図表5-10**）。

　セミナーや記事では、カスタマーサクセスが抽象的で、精神論的に扱われているケースもあります。お客様中心の考え方を一括してカスタマーサクセスと呼ぶ事例や、カスタマーサポート部門の名称をカスタマーサクセスに変更しただけで、従来の業務に変化がない事例がそれに該当します。オンゴーイング、従来のカスタマーサポート、テクニカルサポートとは異なる業務を定義し、そのタッチポイントサービスをカスタマーサクセスのロイヤルティドライバーとして定義する必要があります。ドライバーの定義方法の詳細については、第3章の実

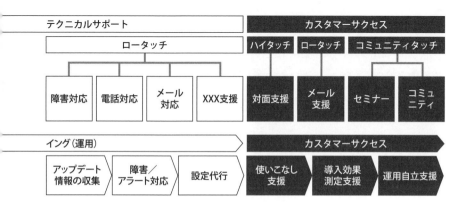

践編で解説しています。

　カスタマーサクセスの本質に基づいて適切に定義され、実践されている業務やロイヤルティドライバーは、前述の強みのポテンシャル（ドライバー琴線感度）が非常に高い場合が多いです。そのポテンシャルの発揮度合い（ドライバー満足度）を確認し、施策を実施することが心理ロイヤルティの向上に重要です。

D2Cをロジックする

　近年、D2Cビジネスが盛んです。詳細の解説は別書籍を参考にしていただくとして、ロイヤルティ向上のロジックの視点からD2Cの本質や構造化に関して解説します。

■ D2Cの本質は「世界観の共感者を増やすビジネス」である

　D2Cは「Direct to Consumer」の略で、企画・生産した商品を広告代理店や間接小売店を介さず、消費者と直接取引する販売方法を指します。ソーシャルメディア（SNS）、ECサイト、直営店舗で消費者とコミュニケーションし、商品を販売します。アパレルブランドや美容化粧品ブランドの多くが採用している形態で、ここ数年、メディアでも多く取り上げられるようになりました。コロナ禍、リアル店舗での販売が厳しくなった背景も加わり、この販売手法が特に注目されました。

　しかしながら、上記の定義では、商流や物流、情報流しか表現できておらず、D2Cの本質は見えてきません。ユニクロやZARAなどのSPA（speciality store retailer of private label apparel）も自営店舗や

ネット販売で消費者と直接取引しますが、D2CとSPAの違いは何でしょうか。以下でD2CとSPAの違いをまとめます。

- SPAは商品を効率的に販売することを目的とし、D2Cは自社の哲学や世界観を広げることを重視します。
- D2Cでは単に商品を売るのではなく、ライフスタイルを売ることが目的であり、流行やトレンド追求ではなく、自社の一貫した世界観に基づいた商品とサービスを提供します。
- ブランドイメージやライフスタイルに重点を置き、商品を単なるモノとしてではなく、より深いストーリーを持つものとして構築することが重要です。
- SPAは効率重視でリスティング広告やWeb広告を多用する一方、D2Cは世界観を伝えるためにSNSやオウンドメディアをマーケティングの中心としています。

つまり、D2Cは企業の世界観を商品を通じて体感させて共感者を増やすことで収益を得るビジネスモデルであり、それを実現するには今までの商流、物流、情報流を変える必要があるというわけです。一方で、流行り言葉に便乗した、いわゆる表面的なD2Cも多く存在しています。起業したばかりで一般メディアを使った広告に投資できない、大手小売業も取り扱ってくれないため、致し方なくSNSやオウンドメディアを活用した直接販売をしているだけで、人気が出始めて資金に余裕ができるとすぐにマス広告がメインになり、小売業が取り扱ってくれるようになれば、流通経路を増やして間接販売シェアが増えていく企業がそれにあたります。これらの企業には、表面的な世界観のD2Cしか存在しないのです。

■ 世界観とカスタマーサクセスは密接に関連している

それでは、「企業の世界観を商品を通じて体感させる」とはどういうことでしょうか？　筆者は、前節で解説した「カスタマーサクセス」と同様の考え方と解釈しています。カスタマーサクセスは「豊かな生活」と置き換えることができると前述しました。つまり、「世界観を体感させる」とは、

自社が考える豊かな生活を自社の商品を通じて体感させる

と解釈できます。そして、「**自社が考える**」という点が重要です。企業は、豊かな生活を送ってほしいという思いを持って商品を開発し、その思いをお客様にも体感してほしいと考えています。したがって、ただ安いから、デザインがいいから、機能がいいから買うというお客様よりも、世界観に共感していただくお客様を大事にして増やそうとしています。ですから、事業が拡大しても、その世界観を伝えにくいメディアや一般小売店での流通には踏み込まない、という判断になります。

また、この「世界観」「カスタマーサクセス」「豊かな生活」は、最近注目されているキーワードの「ウェルビーイング（Well-being）」にも通じる考えです。企業は商品の拡販を目的にするのではなく、商品を通じて消費者が幸せに暮らすことを目標に活動すべきです。ちなみに、筆者は学術関係者とともに、Consumer Well-being を経営学的視点のテーマとして研究活動を行っており、本書で解説しているロジックを Consumer Well-being の構造化に応用したいと考えています。

■ ブランディング活動とブランドロイヤルティ活動は違う

　D2Cビジネスにとって世界観の共感者を増やすことは、ブランドに対するロイヤルティを高めるための重要施策と位置づけられます。すなわち、本書で解説しているロジックに当てはめると、共感者を増やすためのさまざまなタッチポイントでの施策が、ロイヤルティドライバーになります。その施策の1つである世界観の共感者を増やす取り組みは重要ですが、世界観を多くの人に知っていただく取り組みも重要です。これがいわゆるブランディング活動です。

　ブランドとは、消費者の頭の中にある「識別記号」と「知覚価値」が接続して成立する概念です。知覚価値とは、そのブランドのカテゴリ、イメージ、ベネフィットなどを想起し、保証する価値です。例えば「コカ・コーラ」という商品名やビンといった、いわゆる識別記号は、「スカッと爽やか」という知覚価値を想起させるということです。そのブランドには、「商品ブランディング」の例としてニベアやレッドブル、「サービスブランディング」の例としてスターバックス、「企業ブランディング」の例としてジョンソン・エンド・ジョンソンやパタゴニアといった3種類が存在します。つまり、D2Cビジネスにおける世界観は、この知覚価値に相当します。すなわち、社名やブランド名、商品名、あるいは商品そのものやパッケージなどを見たり聞いたりした際に、その世界観が想起されることがブランディング活動の目的になります。

　しかしながら、素晴らしいブランディング活動で成果が出たとしても、ブランドに対するロイヤルティが高まるとは限りません。ブランド力が高いこととブランドロイヤルティが高いことは、必ずしもイ

コールの関係ではないからです。「コカ・コーラ」から「スカッと爽やか」を想起させる関係性が高まったからといって、コカ・コーラをずっと買い続けるとは限りません。もちろん、まったくブランド力のない商品に比べて、ブランドが想起される商品が選ばれる可能性は高まります。しかし、ブランドロイヤルティを向上させる活動がブランディング活動そのものだと考えるのは誤りです。

ブランドロイヤルティ向上を支える要因や施策はさまざまで、その中の1つがブランディング活動であると位置づけるべきです。商品であれば、その機能や品質を向上させること、また、購入時の体験やアフターサービスもブランドロイヤルティ向上の重要な要素です。さらに重要なのは、購入後に実際に知覚価値を体感させることで世界観を共感させることです。

スターバックスの例でいうと、第3の居場所を想起させることだけではなく、実際に第3の居場所を体感させる顧客体験が提供できて初めて、ブランドロイヤルティが向上します。ロイヤルティやLTVの視点から考えると、ブランドの知覚体験を高める「認知」を広める活動も重要ですが、「体感」を提供する活動のほうがより重要です。

■ D2Cビジネスとロイヤルティドライバーの関係（まとめ）

先述のD2Cビジネスの成功要因を、本ロジックを用いて整理しました（**図表5-11**）。これは図表2-1（P44）を基に作成したものです。

まず、ブランドが発信する世界観への共感を通じてロイヤルティを高めていく、という基本戦略があります。そして各ロイヤルティドライバーはその世界観を共感させるための施策が重要視されます。例

図表5-11　D2C事業でのロイヤルティドライバー

ブランドに対するロイヤルティ ブランドが提供する世界観に共感をもって末永く関係行動し続けたいと思う気持ち						
基本価値ドライバー		体験価値（タッチポイント）ドライバー				
商品	施設	ブランド知覚体験	購買体験	利用体験		ブランド体感
ドライバー1	ドライバー4	ドライバー7	ドライバー10	ドライバー12		
ドライバー2	ドライバー5	ドライバー8		ドライバー13		ドライバー15
ドライバー3	ドライバー6	ドライバー9	ドライバー11	ドライバー14		ドライバー16
⋮	⋮	⋮	⋮	⋮		⋮
各ドライバーが世界観の共感を重要視した顧客体験を提供している						

えば、一般のEC通販事業では、購買体験プロセスにおいてストレスなく購買を完了させるエフォートレス体験の向上が重要です。しかしD2Cの場合は、それもさることながら、一連の購買体験の中で世界観を感じるようなコンテンツや導線づくりが重要になってきます。

　また、特に重要なドライバーは、ブランド体感により世界観を共感させるためのドライバーです。

　「この商品は世界観あっていいよね」
　「このネットコンテンツは世界観あっていいよね」
　「この売り場は世界観あっていいよね」

　それだけで終わらず、購入したお客様に、商品利用の体験を通じてその世界観を共感していただく施策が重要です。

　具体的には、お客様とのコミュニティを展開し、世界観を共有する

リアルイベントを開催するなどの施策です。ベンチャーでスタート
アップしたばかりのD2C企業では、そこまで手が回っていない事業者
も多いですが、単に流行り言葉に便乗した販促手段としてのD2Cなの
か、本当のD2Cを目指そうとしているのかは、ブランド体感に関して
の各ドライバーの現状や将来計画によって判断できます。

5-4 顧客接点における6つのサービス品質

　ロイヤルティドライバーの強みを強化するには、各接点での顧客体
験を向上させることが重要です。本節では、顧客接点でのサービス品
質を科学的に考える手法について説明します。これは、各ドライバー
で特定された顧客体験の整理や、アンケート結果を定量化・分析し、
施策を策定する際に活用できるロジックです。

■ 6つのサービス品質

　顧客接点におけるサービスは、物質的な商品とは異なり、一般的に
以下のような特徴があります。

- 無形性
  サービスは、目に見えないものであり、体験や感情、スキル、知識
  などの提供が主な役割を果たします。
- 生産と消費が同時に起こる
  サービスは、提供された瞬間に消費され、再利用することができ
  ません。したがって、サービスを提供する際には、一度限りの体
  験を提供することが求められます。

- 不均一性
  サービスは、提供者やお客様によって受け取り方が異なるため、一様ではありません。
- 貯蔵性がない
  サービスは、在庫に残すことができず、需要がある場合にのみ提供することができます。
- 顧客参加性が高い
  サービスは、お客様が直接的に参加することが多く、お客様の要望に合わせて提供することが求められます。

言い換えれば、サービスを科学する、すなわち、サービス品質を担保しながら再現性を高めることの難易度は、物質的な商品に比べて高くなります。物質的な商品であれば、正確な金型を作成すれば、その再現性は担保されますが、サービスはそうはいきません。さまざまな手法を用いて再現性を高める努力をしています。それがサービスサイエンスです。

サービスサイエンスは奥深い理論ですので、その詳細は専門書におまかせするとして、ここで紹介したいのは、6つのサービス品質の考え方です。サービス品質を6つに分解することで、満足度の高いサービスを提供するためのヒントが得られます。

サービスサイエンスの研究者の一人である諏訪良武氏は、

サービス品質は、正確性、迅速性、柔軟性、共感性、安心感、好印象の6つの要素に分解できる。

図表5-12　サービスの流れと6つのサービス品質の関係性

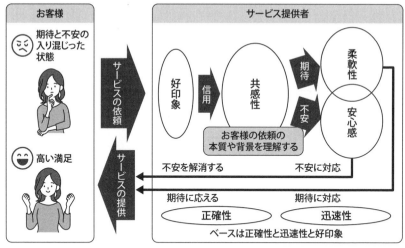

<参考文献>サービスの価値を高めて豊かになる　著 諏訪良武 リックテレコム

と述べています。この理論を使うと、お客様の体験や施策を科学的に考えることが可能となります。**図表5-12**では、サービスの流れと6つのサービス品質要素の関係性が示されています。お客様からサービスの依頼、例えばコールセンターへの電話や店舗での声かけがあれば、まずは「好印象」、すなわち気持ちの良い声や笑顔でお出迎えします。サービスの基本的な品質は、「正確性」と「迅速性」です。正しく、迅速に、お客様の期待にお応えすることが重要です。そして、お客様の背景にある本質的なニーズを「共感性」を発揮しながら察知して、不安に対しては「安心感」を発揮した応対をし、期待に対しては「柔軟性」を発揮した応対をします。これら6つの品質要素が十分に発揮されれば、お客様の満足度は高まります。

■ サービス品質を考慮して顧客体験向上を科学的に考える

サービスの流れと6つのサービス品質を理解することで、顧客体

験の向上を科学的に考察できます。以下にいくつかの事例を解説します。

＜考察例１＞
お客様の事前期待に合致したサービス品質を発揮しなければ、高い満足にはならない。

　６つのサービス品質は、お客様の事前期待に応じて使い分ける必要があります。例えば、迅速性と正確性を重視する若い世代に、相手の気持ちを察するような共感性を発揮した対応をすると、迅速性を損ない不満が大きくなる可能性があります。一方で、シニア世代に対しては、正確性と迅速性が多少低くても、共感性を持って安心感を提供できれば、満足度が高まる可能性があります。また、この品質は同じ相手でも状況によって重要視されるものが違ってきます。このように、お客様のプロファイルや状況によって、お客様が期待するサービス品質を発揮しないと、せっかくの良いサービスも余計なお節介になるリスクを秘めています。

　こうしたサービスの特性に対応するために、すべての品質を高める努力とともに、相手が今回のサービス依頼の際にどのサービス品質が重要なケースか判断する能力を養うことも重要です。コールセンターでは、オペレータの会話品質をモニタリングシートで評価する運用が行われています。このモニタリングシートに６つのサービス品質の評価を入れて、管理者がオペレータに対し、実際の通話録音を聞きながら、お客様の事前期待はどうだったか、その期待に対して６つのサービス品質はどうだったかを指摘しながら指導する、といった運用が科学的な活動になります。

<考察例2>

6つのサービス品質は、発揮される、あるいは欠如することで、「感動体験」や「落胆体験」になりやすいサービス品質に分けられる。

6つのサービス品質は大きく2つに分けられます。好印象、正確性、迅速性の3つの品質は、満足度を得るための基本要素であり、発揮されるべき品質です。したがって、顧客体験としての評価は、どちらかというと欠如すると満足度が下がり、ロイヤルティに悪影響を及ぼすサービス品質と判断します。一方、共感性、柔軟性、安心感の3つの品質は、発揮すると満足度が非常に高まり、ロイヤルティに好影響を及ぼすサービス品質と判断します。つまり、前者の3品質の欠如は落胆体験になりやすく、後者の3品質の大いなる発揮は感動体験になりやすい、ということです。

心理ロイヤルティの3つ目の階層の顧客体験を洗い出す作業や、洗い出した顧客体験を整理する際に、6つのサービス品質と2つのカテゴリ分けされた品質を考慮すると、考察がより深まります。なお、顧客体験の洗い出しワークの詳細は、第3章で解説しています。

<考察例3>

サービス品質を考慮しながら、自動化サービスとヒューマンタッチ対応の設計をする。

考察例2の発展形として、具体的なサービス設計に6つのサービス品質を考慮すると最適な設計ができます。正確性、迅速性が重要なサービスは、いわゆるエフォートレス体験型サービスであり、着実に早く実行できなければ不満が高まるサービスです。そしてITによ

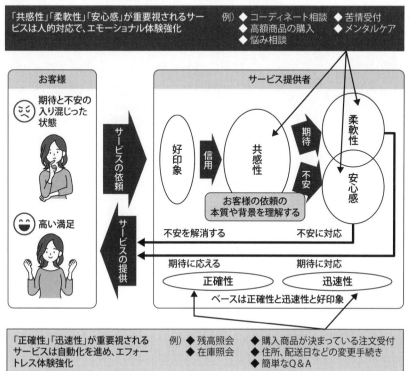

図表5-13　サービスの流れと6つのサービス品質の関係性

「共感性」「柔軟性」「安心感」が重要視されるサービスは人的対応で、エモーショナル体験強化　　例）◆ コーディネート相談　◆ 苦情受付　◆ 高額商品の購入　◆ メンタルケア　◆ 悩み相談

お客様

期待と不安の入り混じった状態

高い満足

サービスの依頼

サービスの提供

サービス提供者

好印象　信用　共感性

期待　不安

柔軟性　安心感

お客様の依頼の本質や背景を理解する

不安を解消する　　不安に対応

期待に応える　　期待に対応

正確性　　迅速性

ベースは正確性と迅速性と好印象

「正確性」「迅速性」が重要視されるサービスは自動化を進め、エフォートレス体験強化　　例）◆ 残高照会　◆ 購入商品が決まっている注文受付　◆ 在庫照会　◆ 住所、配送日などの変更手続き　◆ 簡単なQ&A

るデジタル処理が得意とするサービス品質です。したがって、ITソリューションを活用した自動化サービスを推し進め、エフォートレス体験を向上させることを追求すれば、お客様は満足が高まります。残高照会、在庫照会、決まった商品の注文受付、住所や配送日時の変更手続き、簡単なQ&Aなどが該当します。

　一方、共感性、柔軟性、安心感が重要なサービスは、いわゆるエモーショナル体験型サービスであり、お客様の心に寄り添った対応ができると満足が高まるサービスです。そして人が得意とするサービス品質

です。したがって、ヒューマンタッチなサービスを推し進め、エモーショナル体験を向上させることを追求すれば、お客様は満足が高まります。ファッションコーディネート相談、高額商品の購入、悩み相談、苦情対応、メンタルケアなどが該当します。ただし、このエモーショナル体験領域も、急速な進化を続けるAI（人工知能）を活用したデジタルコミュニケーションで自動化が可能となっているケースも出てきています。

　このように、各サービスがどの品質を重要視するかを条件としてサービス設計をすることは、科学的に満足度を高める1つのアプローチになります。

おわりに

　これまで約20年間、コンサルティング職を続ける中で、大切にすべきいくつかの行動指針を策定しました。その中で、以下の2つの行動指針を特に重視しています。

- 自分らしいコンサルティングの方法論を築き上げ、常に磨き続けること
- 方法論を磨くための知識・見識（知見）を学び習得することに対する努力を怠らないこと

　方法論とは、問題や課題を整理・分析するフレームワーク、プロジェクトの進め方、具体的なアウトプットなどを指します。目に見えないコンサルティング作業内容を可視化し、可能な限り標準化することが重要です。本書は、現時点における方法論の集大成と位置づけられます。

　そして、行動指針に従って今後も磨き続け、進化させていくつもりです。筆者は、今後も各コンサルティングプロジェクトの経験から新たな知見を習得し、方法論を磨き続けたいと考えています。さらに、研究活動を通じて多くの知見者から学び、方法論の進化を促したいと思っています。

　前著『心理ロイヤルティマーケティング』を発表した際、コンサルタント仲間から「ノウハウを公開したら、誰でもできるようになり仕事がなくなるのでは？」と心配されました。

本書では、前著以上に方法論の詳細を公開していますが、筆者としてはまったく心配していません。そもそも、真似されることを意図して公開しているのです。コンサルティングの方法論は、ブラックボックス化して価値を独占するのではなく、オープン化して価値を向上させるものだと考えています。読者の皆様から、この方法論を実践した結果や実践過程での問題点、課題点に関するフィードバックをお待ちしております。私自身では気づかない指摘や新しいアイデア、工夫を糧にして方法論を磨き、読者の皆様に還元していきたいと考えています。

　また、実際には、本に書ききれない暗黙知も多く存在しています。さらに、自分自身が絶えず方法論の進化を追求し、暗黙知を形式知に変換しオープン化していきたいと思っています。

　前著を進化させ本書の出版にたどり着くにあたっては、数多くの方々のお世話になりました。この場をお借りして、お礼を申し上げたいと思います。

　前著では監修をしていただいた諏訪良武さん（元オムロンフィールドエンジニアリング株式会社常務取締役、多摩大学大学院客員教授）には、情報処理学会サービスサイエンスフォーラムで引き続き、サービスサイエンスの視点でご指導をいただきました。また、その他の研究活動として、日本オムニチャネル協会のCS分科会、ロイヤルティ分科会のメンバーの皆様、リックテレコム　月刊コールセンタージャパン　5年後のコンタクトセンター研究会のメンバーの皆様には、研究活動の一環で多くの参考になるご意見をいただきました。

東京理科大学経営学部 学部長 椿 美智子教授には、学術的視点から研究の機会をいただき、多くの指導をいただきました。

また、実践を通じて方法論に磨きをかけるにあたっては、ビジネスパートナーの多大なお世話になりました。株式会社エンゲージの皆様、株式会社Sprocketの皆様には、実際のプロジェクトを通じて多くのご支援をいただきました。

そして、今までコンサルティング作業を通じてご支援させていただきました、数多くのクライアントのご担当者の皆様に、厚く御礼申し上げます。

本書が、読者の皆様のお役に立てることを願っております。

2023年10月
渡部 弘毅

<著者略歴>

渡部 弘毅 IS ラボ 代表
一般社団法人 地域マーケティング経営推進協議会　理事

日本ユニシス（現 BIPROGY）、日本 IBM、日本テレネットを経て、2012 年に IS ラボ設立。一貫して CRM 分野の営業、商品企画、事業企画、戦略・業務改革コンサルティングを経験。現在は主に心理ロイヤルティマネジメントのコンサルティング活動中。お客様の心理ロイヤルティを構造化し、アンケートから定量化し施策につなげていく独自の方法論を提唱。ファンづくりの科学的かつ実践的なコンサルティング手法が注目されている。日本オムニチャネル協会、情報処理学会、月刊コールセンタージャパン、東京理科大、等の団体や研究会で研究活動、啓蒙活動にも積極的に取り組んでいる。

著書
「お客様の心をつかむ 心理ロイヤルティマーケティング」翔泳社 2019/12
「営業変革 しくみを変えるとこんなに売れる」メディアセレクト 2005/1

ファンをつくる顧客体験の科学
「顧客ロイヤルティ」丸わかり読本
© 渡部弘毅　2023

2023年11月24日　第1版第1刷発行	著　者	渡部弘毅
	発行者	土岡正純
	発行所	株式会社リックテレコム
		〒113-0034 東京都文京区湯島3-7-7
		振替　　00160-0-133646
		電話　　03（3834）8380（営業）
		03（3834）8104（編集）
	URL	https://www.ric.co.jp/
	カバーデザイン	藤重真一（BEHAVIOR DESIGN）
	Ｄ Ｔ Ｐ	株式会社リッククリエイト
	印刷・製本	シナノ印刷株式会社

本書の全部または一部について無断で複写・複製・転載・電子ファイル化等を行うことは著作権法の定める例外を除き禁じられています。

乱丁・落丁本はお取り替え致します。
ISBN978-4-86594-388-7

編集：山本浩祐
Printed by Japan